고대 올림픽의 세계

차례
Contents

03신화로 보는 올림피아 제전경기의 기원 10신에게 바치는 인간들의 경기 30우승자 예찬 53올리브유와 올리브관 64나체 경기 관습 78운동 경기의 변화와 운동 정신

신화로 보는 올림피아 제전경기의 기원

기원전 8세기에 그리스는 삼백여 개나 되는 도시국가를 형성하였다. 각 도시국가는 특별한 신을 숭배했으며, 이웃 종족이나 시민들은 신성을 유지하고 있는 장소를 찾아서 숭배물에 모여들었다. 신 숭배의식은 도시에 종교생활을 정착시켰고, 규칙적인 휴일과 축제를 만들어냈다. 종교 축제의 일부로써 운동 경기가 열리기도 했는데, 이 중 역사가 가장 오래된 것은 펠레폰네소스의 북서쪽에 위치한 올림피아의 제우스(Zeus) 성역에서 이루어진 경기이다. 올림피아는 펠레폰네소스 종교의 총 본산지였기 때문에 매우 신성한 곳이었다. 이곳에서 인류 문화사 중 가장 화려하고, 숭고하고, 장엄한 고대 올림픽 경기가 열렸다.

올림피아 제전경기의 기원은 신화 속에 가려져 있다. 먼저, 제우스가 크로노스(Cronous)와 레슬링 경기를 한 후 승리를 자축하는 대회를 만들어 젊은 신들과 첫 경기를 가졌다는 신화가 있다. 혹은 테베의 헤라클레스가 아우게아스(Augeas)에게 복수하기 위하여 엘리스를 정복한 뒤, 승리를 기념하여 대회를 만들었다고도 한다. 이 밖에 어떤 작가들은 펠롭스(Pelops)가 피사(Pisa)의 왕 오이노마오스(Oenomaus)와의 전차 경기에서 승리한 기념으로, 또는 오이노마오스 왕이 자신을 위해 대회를 창설하였다고 전하고 있다. 또 어떤 이는 테베의 헤라클레스가 펠롭스를 위하여 대회를 만들었다고도 주장한다. 이 중에서 가장 신빙성이 있는 것은 펠롭스와 헤라클레스의 이야기이다.

펠롭스 이야기

그리스 신화에 의하면 올림피아 제전경기의 기원은 탄탈로스(Tantalos)의 아들 펠롭스와 관련이 있다. '술 마시는 사람'이라는 의미의 이름을 가진 고대 피사의 왕 오이노마오스에게는 히포다메이아(Hippodameia)라는 외동딸이 있었다. 오이노마오스는 장래 사위의 손에 죽게 될 것이라는 신탁의 예언을 듣게 되었다. 왕이 그 신탁에서 벗어날 수 있는 유일한 방법은 딸이 결혼하지 못하게 막는 것이었다. 궁리 끝에 왕은 구혼자들에게 '패하면 죽음뿐이고, 승리하면 공주와 결혼시키겠다'는 조건을 내걸고 전차 경주에 도전하도록 하였다. 왕은 아레스(Ares : 軍神)가 물려준 명마와 노련한 기수 미르틸로스(Myrtilos)가 있는 한 어떤 구혼자도 자기를 이기지 못할 것이라고 확신하였다. 왕은 구혼자들과 시합을 벌일 때마다 제우스에게 봉헌물을 바치고 신의 가호를 빌었다. 왕은 또한 공주의 외모가 구혼자를 산만하게 만들면 경주에 집중할 수 없을 것이라 생각하고, 그의 딸을 구혼자의 전차에 태워서 달리게 했다. 왕은 바로 그 뒤를 추격하여 구혼자를 창으로 찔러 살해하였다. 경기에 패한 희생자들의 머리는 궁전 입구의 벽에 걸렸다. 이 광경은 대부분의 구혼자들이 놀라서 달아날 정도로 끔찍한 것이었다. 열두 명의 젊은 구혼자들이 오이노마오스 왕과 대결했고, 모두 목숨을 잃었다.

그러나 펠롭스는 앞선 구혼자들의 운명을 보고도 단념하지 않았다. 펠롭스는 공주를 보자마자 첫눈에 반하여 무슨 수를 써서라도 경주에서 승리해야겠다고 생각하였다. 그런데 펠롭스는 왕의 마부인 미르틸로스도 공주를 사랑하고 있지만 겁이 나서 공개적으로 경주를 신청하지 못하고 있다는 사실을 알아차렸다. 펠롭스는 미르틸로스를 매수하여 경주에 이기면 결혼 첫날밤을 공주와 함께 지내게 해주겠다고 약속하였다. 그래서 미르틸로스는 경기 전날 밤 왕의 전차에서 바퀴 비녀장을 뽑고 구멍은 밀랍으로 봉해놓았다.

다음 날 히포다메이아 공주는 공손하게 펠롭스의 옆자리에 올라탔는데, 그를 보는 즉시 사랑에 빠졌다. 처음으로 그녀는

전차에 타고 있는 펠롭스와 히포다메이아.

구혼자가 아버지를 이기기를 바랐다. 히포다메이아를 전차에 태운 펠롭스는 정신이 산만해지기는커녕 오히려 그녀의 사랑에 힘을 얻어 말에 채찍을 가하면서 힘차게 달렸다. 뒤에서 추격하는 왕의 전차가 점점 더 가까워지는 소리가 들리고, 곧 추월당할 것만 같은 긴박한 순간이 왔다. 그때 갑자기 왕의 전차 바퀴에서 밀랍 못이 녹으면서 바퀴가 빠지고 전차가 전복되어 왕은 죽음을 맞았다. 우승자 펠롭스는 히포다메이아와 결혼하고 피사의 왕국을 가지게 되었다. 구혼 전차 경주에서 승리한 뒤 펠롭스는 제우스를 기리기 위해서 올림피아 제전경기를 창설하였다.

헤라클레스 이야기

전통적인 고대 그리스 작가들의 증언에 의하면 올림피아 제전경기의 시작은 제우스와 알크메네(Alcmene)의 아들인 헤라클레스(Herakles)와 관련이 있다.

신화에 따르면 헤라클레스는 에우리스테우스(Eurystheus)의 명령으로 엘리스 아우게아스 왕의 가축우리를 청소하였다. 아우게아스 왕은 엄청난 수의 황소와 양을 기르면서도 외양간을 한 번도 청소한 적이 없었다. 헤라클레스는 가축의 1/10을 받는다는 조건으로 이 청소를 맡았다. 단시일 내에 도저히 해낼 수 없을 것 같은 일이었지만, 그는 알페이오스 강과 페네오스 강의 물줄기를 끌어들여 하루 만에 완전히 청소를 끝냈다. 그런데 아우게아스 왕은 이것이 힘 하나 안 들인 술책이라며 약속한 보상을 거절하였다. 분노한 헤라클레스는 군대를 이끌고 아우게아스 왕을 공격하였다. 그러나 갑자기 병에 걸리는 바람에 휴전을 했는데, 이때 아우게아스 왕의 조카 모이오니덴(Moioniden)이 헤라클레스의 군대를 기습했다. 피비린내 나는 싸움 끝에 헤라클레스 군대가 패하고 말았다.

그 후 모이오니덴이 클레오나이(Kleonai)에 헌납품을 가지고 갔을 때 헤라클레스는 그를 잡아 죽여버렸다. 헤라클레스는 군대를 이끌고 엘리스를 쳐서 수도를 점령하고 아우게아스 왕과 자식들마저 죽였다. 그러고 나서 헤라클레스는 여섯 개의 제단을 만들어 신들에게 제물을 바치고, 그 자리에서 승리를 축하하기 위하여 형제들과 달리기 시합을 하였다. 이것이 헤라클레스와 관련된 올림픽 경기의 기원이다.

핀다로스(Pindaros : BC 518?~BC 438?. 그리스 서정시인. 올림피아, 피티아, 이스트미아, 네메아 경기의 우승자를 위한 경기 축승시로 유명)는 엘리스의 왕 아우게아스를 물리치고 귀환한 헤라클레스가 오래된 펠롭스의 무덤에서 대회를 창설하였다면서 다음과 같이 말하고 있다.

그때 제우스의 힘센 아들은 피사에서 그의 모든 군사와 모든 전리품을 다 모아서, 그의 왕인 아버지를 위하여 신성한 숲에서 분배하였다. 알티스 주변의 명확한 거리에서부터 경계선을 표시하여 울타리를 세우고 휴식과 향연을 준비하였다. 그는 전쟁에서 얻은 최고의 전리품을 따로 두었다가 제물로 바치고, 첫 번째 올림피아드부터 5년마다 축제를 열기로 결정하고 우승자에게 상을 주었다.[1]

올림피아에 제우스가 소개된 이후에도, 헤라클레스는 올림피아에서뿐만 아니라 그리스의 전역에서 위대한 영웅으로 남아 있었다. 헤라클레스는 강하고 위대하며 악을 퇴치하는 만난(萬難)의 구원자이고 훌륭한 운동선수이며 그리스에서 이름난 영웅이었다. 『오디세이』에서 그는 뛰어난 궁수로 묘사되어 있으며, 유물에는 전사나 올림픽 대회 창설에 바쳐진 제물로 표현되어 있다. 이 밖에 헤라클레스 승리의 찬가 등 많은 곳에 헤라클레스의 흔적이 남아 있다.

올림피아의 제우스 신전에는 헤라클레스의 열두 가지 노역이 벽면에 부조로 조각되어 있다. 아티카(Attica)에는 대부분 김나시움(Gymnasium)과 관련이 있는 헤라클레스의 성지가 있으며 정기적으로 대회가 열렸다. 유비아(Euboia), 타소스(Thasos), 마라톤(Marathon) 그리고 로도스(Rhodos)에서는 헤라클레스를 김나시움의 후원자, 즉 헤르메스(Hermes : 신들의 사자)로 경배하는 대회가 열렸다. 그러므로 그리스인들은 이 위대한 운동 영웅을 올림픽 제전경기의 창설자로 간주하였을 것이다.

신에게 바치는 인간들의 경기

성지! 올림피아

올림피아는 엘리스 지방의 피사(Pisa)에 위치해 있으며, 이 오니아 해에서 15㎞, 아테네에서 257㎞, 스파르타로부터 127 ㎞ 정도 떨어져 있다. 올림피아의 북방과 동북방은 올리브와 떡갈나무로 우거진 산림지대이며, 남쪽은 알페이오스 강이 흐르는 지대와 맞닿아 있고, 서쪽으로는 클라디오스(Kladeos) 강의 급류를 바라보고 있다.

스트라보(Strabo : BC 63~AD 21. 로마의 지리학자. 17권의 지리학을 저술)에 의하면, 올림피아는 그 옛날 제전경기가 만들어지기 이전에는 유명한 신탁소였다고 한다.

올림피아는 이미 오래전부터 제우스가 신탁을 내리는 장소였다. 신전은 후세에까지 명성이 높았는데, 성직자들과 올림피아 제전경기에 의해서 더욱 유명해졌다. 올림피아 제전경기는 신에게 헌납되었으며 다른 어느 지방의 경기보다도 중요한 것으로 믿어졌다.[2]

올림피아에 있는 제우스의 성역 알티스(Altis)는 그리스어로 '작은 숲'을 의미하는 조용한 평원이다. 알티스는 크로노스(Kronos) 언덕의 남쪽 기슭에 있다. 북쪽은 크로노스의 언덕에 가로막혀 있으며, 동쪽에 있는 에코의 회랑이 알티스와 스타디움(Stadium)을 구획하고 있다.

알티스 성역에는 장엄한 제우스 신전이 세워져 있다. 제우스 신전 뒤에는 성스러운 올리브나무가 있는데, 그 가지로 우승자를 위한 올리브관을 만들었다. 파우사니아스(Pausanias : 150년 무렵의 그리스 여행가, 지리학자. 리디아 출생이며 『그리스 안내기』를 저술)가 전하는 바에 의하면, 제우스 신전은 기원전 472년 엘리스인들이 피사와 그 연합군에 맞서 싸운 펠로폰네소스 전쟁에서 승리한 뒤 건립하였다고 한다.

제우스 신전의 규모는 높이 68피트(21.79m), 너비 95피트(30.44m), 길이 230피트(73.70m)이다. 건축가는 엘리스 출신의 리본(Libon)이고 건축양식은 도리아식이다. 신전 내부에는 유명한 그리스 조각가 페디아스(Pheidias)가 만든 천지의 최고 통치자 제우스가 위엄 있는 모습으로 왕좌에 앉아 있다. 상아와 금

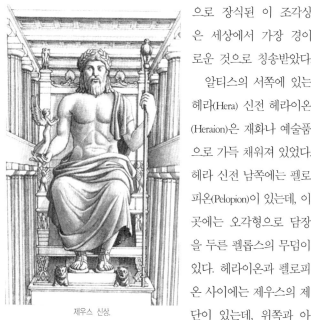
제우스 신상.

으로 장식된 이 조각상은 세상에서 가장 경이로운 것으로 칭송받았다.

알티스의 서쪽에 있는 헤라(Hera) 신전 헤라이온(Heraion)은 재화나 예술품으로 가득 채워져 있었다. 헤라 신전 남쪽에는 펠로피온(Pelopion)이 있는데, 이곳에는 오각형으로 담장을 두른 펠롭스의 무덤이 있다. 헤라이온과 펠로피온 사이에는 제우스의 제단이 있는데, 위쪽과 아래쪽으로 나뉘어 있다. 이 중 아래쪽 제단에서 희생물인 가축이 도살되었으며, 위쪽 제단에서는 희생물의 다리를 구웠다. 알티스 동북방 끝에는 엘리스인들이 올림픽의 우승자에게 향연을 베풀었던 향연관 프리타네이온(Prytaneion)이 서 있다.

크로노스 언덕 기슭에는 기원전 648년경에 세워진 보물창고가 열두 개 있는데, 이 보물창고들은 신전을 향해서 세워져 있었다. 여기에는 금은으로 만든 값비싼 도자기, 술잔, 솥 등의 봉헌물이 쌓여 있었다. 봉헌물은 그리스의 여러 식민지 또는 개인들이 제우스에게 바친 것이다. 올림피아에는 많은 제단이 있었는데, 파우사니아스는 그 수가 모두 70개라고 전하고 있다. 엘리스 시민들은 한 달에 한 번씩 똑같은 날에 모든 제단에 제물을 바쳤다. 신전이나 보물창고에 들어 있는 금은 보화는 헤아릴 수 없을 만큼 값나가는 것이었다. 그리스인들은 자신들이 제우스의 보호를 받고 있다고 믿었기 때문에, 이처럼 가장 소중한 물건을 제단에 바치고 소원을 빌었다.

운동 경기와 관련된 시설은 알티스 성역 밖에 위치해 있다. 먼저 알티스 남쪽의 벽과 알페이오스 강 사이에 행정 관청인 블레우테리온(Buleuterion)이 있다. 경기자, 심판, 트레이너, 선수의 가족은 여기에 모셔져 있는 제우스 상 앞에서 올림픽 경기의 선서를 했다. 알티스의 서남쪽 끝에는 영빈관 레오니다이온(Leonidaion)이 있고, 레오니다이온의 북쪽에는 성직자들이 거주하는 테오콜레온(Theokoleon)이 있다. 그리고 이 건물에 인접하여 팔라이스트라(Palaistra)와 김나시움이 있다. 김나시움의 반대편 동쪽에는 스타디움이 있다. 이곳에서 발이 빠른 인간들이 서로 속도를 겨루고, 근육이 불룩불룩 솟아오른 장사들이 국가의 명예를 위하여 힘을 겨루었다.

동서 양쪽 표석 중앙부의 거리를 재면, 올림픽 스타디움의 길이는 정확하게 192.27m이다. 전설에 의하면 이는 영웅 헤라클레스가 단숨에 달릴 수 있는 거리이며, 그가 큰 걸음으로 쟀기 때문에 다른 스타디움보다 길다고 한다. 1스타디온의 길이는 600피트인데, 올림피아의 1피트는 0.32045m가 되는 셈이다. 이 밖에 전차 경주가 열렸던 히포드롬(Hippodrom)은 스

올림피아 입구.
자네스(제우스 상)를 세운 기단과 화려문이 보인다.

타디움의 동남쪽에 있었던 것으로 추정된다.

고대 올림피아 제전 경기 참가자들이 알티스로 들어가기 위해서는 화려문을 통과해야 했다. 화려문은 알티스로 들어가는 문 가운데 가장 유명한 것으로, 경기 참가자들은 그 문을 지나 지하도를 거쳐서 경기장으로 입장하였다.

최초의 올림피아 제전경기와 휴전

그리스 초기는 불안한 시기였다. 올림피아는 원래 피사의 일부에 속해 있었지만 나중에 북쪽에서 이주해온 엘리스인들과 지배권을 놓고 싸움을 벌였으며, 싸우는 동안에 경기는 무시당하고 잊혀지게 되었다. 당시 펠로폰네소스의 나라들은 연이은 전쟁 때문에 지칠 대로 지친데다 페스트까지 번져서 참담한 상태에 이르렀다. 이피토스(Iphitos) 왕은 이를 크게 걱정하여 사람들을 재해와 고통으로부터 구해내기로 결심하였다. 이피토스 왕은 엘리스에 전령을 보내 신탁에 이를 물어보았는데, 그 결과 다음과 같은 답을 얻었다.

> 펠로폰네소스의 백성들은 신전에 신을 숭배하는 제물을 바치고, 엘리스의 성직자들과 예언자들이 고하는 말을 유의하라. 성직자들은 조상들의 율법을 지키고 있다.[3]
>
> (……)
>
> 그대들의 조국을 살찌게 하고 전쟁을 일으키지 않을 것이며 해마다 제전을 개최하여 서로 우정을 두텁게 하라.[4]

이피토스 왕은 이 예언이 중단되어왔던 경기의 재개를 뜻하는 것으로 해석하였다. 그래서 그는 스파르타의 왕 리쿠르고스(Lykurgos)와 다음과 같은 조약을 맺었다.

> 올림피아는 성지이다. 이 성지에 무력으로 발을 들여놓는 자는 신성을 모독하는 것이며 신을 배반하는 행위로 간주한다.[5]

이 신성한 휴전에 대한 조약은 청동 원반에 새겨져 있는데,

파우사니아스는 이 원반이 천 년 후에 올림피아의 헤라 신전에서 온전하게 보존된 상태로 발견되었다고 전하고 있다. 이 조약에 따라 전쟁에 지친 피사의 마지막 왕 클레오스테네스와 엘리스의 이피토스 왕은 휴전을 선언하고 축제를 부활시켰다.

이피토스의 시대에 대해서는 학자들마다 의견이 엇갈리고 있으며, 제전경기 개최의 시기에 대해서도 정확하게 알려진 것이 없다. 그러나 역사적으로 증명되고 있는 한 가지 사실은, 기원전 776년에 처음으로 올림피아 제전경기 우승자의 이름이 기록으로 나타나고 있다는 점이다. 연대의 기초는 기원전 5세기 엘리스의 히피아스(Hippias)에 의해서 작성되었는데, 올림피아 제전경기가 매4년마다 규칙적으로 개최되었다는 가정 아래 추산되었다. 이것에 따르면, 올림피아 제전경기는 최초의 우승자 목록을 근거로 해서 기원전 776년에 시작되었으며, 393년 테오도시우스(Theodosius) 황제에 의해서 폐지되기까지 천 년 이상 지속되었다.

휴전 조약의 내용에서 알 수 있듯이, 올림피아 제전경기 동안에는 전쟁을 벌일 수 없었다. 경기 개최 몇 달 전에 미리 계획을 세워서, 3개월 동안 제우스의 신성한 휴전 수행자들이 엘리스의 동·서쪽에 있는 그리스 본토와 해외 지역의 모든 도시국가에 전령을 파견했다. 전령은 공식적인 의식을 행해 신성한 휴전 기간을 선포하면서, 모든 그리스 시민들을 올림피아에 초대하였다. 경기가 진행되는 '성월(聖月)' 동안 그리스인들의 무기 사용은 금지되었다. 이 기간 동안 그리스에는 전쟁의 기운

이 사그라졌다. 성스러운 경기에 참가하는 사람은 누구든지, 그리고 아무런 장애 없이 그리스를 여행할 수 있었다.

휴전은 지역에 따라 특성과 준수 수준에 차이가 있었는데, 올림피아의 휴전은 특히 엄중한 면이 있었다. 경기가 지속되는 동안 엘리스의 영토에서는 어느 누구도 몸에 무기를 지니는 것이 허용되지 않았다. 엘리스인들은 그들의 모든 영토가 극히 신성한 것이라고 주장하였다. 엘리스는 중립 지역이었기 때문에 적의 공격을 방어하기 위한 수단이 강구되지 않았으며, 한 번도 성벽을 쌓아본 적이 없었다. 따라서 군대가 엘리스를 통과해 진군하고자 할 때도 국경선을 넘으면 무기를 인도해야 했다. 엘리스인들은 그들이 성지를 떠날 때 무기를 반환해주었다. 만약 이 지역에 적의 공격이 있으면 모든 그리스의 도시국가가 공동으로 방위를 담당할 의무를 가지고 있었다.

휴전이 선포된 뒤 모든 경기자들과 올림피아를 오가는 방문자들은 신의 직접적인 보호 아래 있었다. 순례자들이 법을 어기는 것은 신성모독 행위가 되었다. 이 금지령을 어기는 사람에게는 무거운 벌금형이 주어졌다. 한 예로 마케도니아의 왕 필립(Philipp)은 올림피아로 가는 도중에 그의 용병 몇 명이 아테네 시민을 약탈했다는 이유로 엘리스인들에게 사과하고 벌금을 내야 했다. 이 밖에 올림피아 제전경기 동안 휴전이 통고되었는데도 라케다이몬(Lakedaimon : 고대 그리스의 도시국가이며 수도는 스파르타)이 피르코스(Phyrcus) 성채를 습격하고 레

프레옴에 중무장병을 보낸 일이 있었는데, 엘리스인들은 법에 따라 병사 한 명당 2무나의 벌금을 받기로 하고 모두 2,000무나를 요구했다. 그러나 라케다이몬인이 이를 거절했기 때문에, 엘리스인들은 라케다이몬인들의 올림피아 제전경기 참가를 금지하였다.

앞서 살펴보았듯이, 휴전은 원래 두 경쟁 도시국가인 엘리스와 피사 사이에 있었던 펠레폰네소스 전쟁을 종식시키기 위한 의도였다. 그러나 그리스가 아시아, 아프리카, 유럽으로 뻗어나감에 따라 휴전으로 보호받아야 할 지역을 확대할 필요가 있었다. 휴전 기간도 늘어났다. 원래 휴전 기간은 한 달이었으나 참가자들이 고향에서 멀리 떠나왔기 때문에, 고국으로 돌아갈 때까지의 시간을 허용하기 위하여 기간을 한 달간 더 연장하였다. 후기에는 다시 한 달을 더 추가하여 휴전 기간이 3개월이 되었다. 올림피아 제전경기의 휴전은 축제 기간 동안 선수들과 여행자들에게 올림피아에서의 안전한 통행을 보장해주었다.

제전경기의 프로그램

경기 종목의 증가와 참가국의 확대는 우승자 명단을 보면 알 수 있다. 초기의 올림피아 제전경기는 스타디온 경기만 하였으며,[6] 단순히 지역적인 의미를 가지고 있었다. 우승자 명단에 의하면, 제3회 경기에서는 메세니아(Messenia)의 안드로클로스(Androklos), 제6회 경기에서는 아카이아의 디메(Dyme) 출신 오이보타스(Oibotas), 제12회 경기에서는 클레오니아(Kleonai)의 선수, 그리고 제13회 경기에서는 코린트(Corinth)의 선수가 자랑스러운 승리를 거두었다.

그러나 올림피아 제전경기가 차츰 그리스의 여러 도시국가에 알려지면서 갈수록 많은 참가자들이 모여들었고, 운동경기의 인기에 힘입어 경기 종목 역시 단계적으로 확대되었다. 제13회 올림피아 제전경기까지는 달리기 경주(1stadion : 192.27m)만 하였는데, 기원전 724년의 제14회 올림피아 제전경기에서는 스타디온을 왕복으로 달리는 디아울로스(diaulos) 경주가 추가되었다. 기원전 720년 제15회 경기에서는 장거리 달리기인 돌리코스(dolichos : 7~24stadion 사이) 경주가 도입되었으며, 기원전 708년에는 달리기, 멀리뛰기, 원반던지기, 창던지기, 레슬링 등의 다섯 가지를 일컫는 오종경기와 레슬링이 처음으로 도입되었다.

또 기원전 688년 제23회 경기에서는 복싱이 도입되었으며, 기원전 680년의 제25회 경기에는 전차(4두 전차) 경주가 등장하였다. 기원전 648년 제33회 경기에는 경마와 판크라티온(Pankration : 복싱과 레슬링이 혼합된 격렬한 경기)과 같은 새로운 종목이 추가되었다.

이어서 기원전 632년 제37회 경기에서는 최초의 소년 경기 종목으로 달리기와 레슬링이 도입되었고, 기원전 616년 제41회 경기에는 소년 복싱이 추가되었다. 그리고 기원전 520년 제65회 경기에는 무장 경기가 도입되었다. 그 외에도 다양한 마술 경기와 소년 판크라티온, 나팔수와 전령을 위한 경기 등이 추가되었다.

운동 경기 프로그램이 다양해졌다는 것은 참가자의 범위가 확대되었다는 것을 의미한다. 우승자 명단을 근거로 살펴보면, 제1회 경기부터 기원전 720년 제15회 올림피아 제전경기까지 우승자는 펠로폰네소스의 도시국가에서만 나왔다. 엘리스, 메세니아, 스파르타의 선수들이 거의 모든 종목에서 우승하였다. 그러나 점차 종목이 다양해지고 참여지역이 확대되면서 다른 도시국가에서도 우승자들이 나왔다. 기원전 696년과 692년의 21회와 22회 대회에서는 아테네의 판타클레스(Pantakles)가 스타디온 경주에서 우승하였으며, 기원전 688년 복싱 챔피언은 소아시아 스미르나(Smyrna) 출신의 오노마토스(Onomatos)였다. 기원전 680년에는 테베(Thebes) 출신의 파곤다스(Pagondas)가 4두 전차 경주에서 우승하였다. 기원전 6세기 초부터는 크레타의 남쪽 이탈리아 도시, 즉 소아시아의 밀레투스, 낙소스의 섬 등에서도 우승자를 배출하기 시작하였다.

올림피아 제전경기가 그리스인들의 사랑을 받게 되자 본토인 그리스뿐 아니라 식민지의 각 지방에서도 제전경기에 참가하게 되었다. 이오니아인들이 우수한 경기자를 올림피아에 파견하는가 하면 소아시아에서도 선수들을 보내왔다. 또 남이탈리아의 그리스인도 찾아들었다. 크레타, 로도스, 시칠리아 등의 섬에서, 그리고 이집트, 키레네 등 멀리 동방지역에서도 참가자가 찾아왔다.

제전경기의 프로그램 확대와 참가국의 증가로 인해, 초기 종교의식에서 시작된 축제는 기원전 6세기부터 점차 운동 경기 행사로 자리잡게 되었다.

경기의 관리와 일정

이피토스 왕은 최초에 혼자서 경기를 관리하였고, 그 뒤로는 그의 자손이 그 일을 계속하였다. 제25회 제전경기에서는 관리자가 두 사람이었는데, 이들은 엘리스 시민의 추천으로 선발된 사람들이었다. 기원전 400년 제95회 제전경기에는 '헬라노디카이'라고 불리는 아홉 명의 그리스 심판원이 있었다. 이들 중 세 명은 경마, 세 명은 오종경기, 나머지 세 명은 그 밖의 경기를 관장하였다. 기원전 368년 제103회 제전경기에서는 헬라노디카이가 모두 열두 명이 되었다. 이들은 모두가 엘리스의 시민들이었다. 심판원 선거는 경기 일 년 전에 실시되었다. 심판원의 임무는 선거 직후 바로 시작되었는데, 선발된 심판원들은 최고심판원에서 열 달 동안 경기에 관한 지식을 배웠다.

심판원들은 엘리스의 특별 생활 구역인 '헬라노디카이온'에서 열 달 동안 지내면서, 아침 해가 떠오르기 전에 김나시움에 나타났다. 심판원들은 경기 참가자의 이름을 등록하고, 그들의 경기 참가 자격을 심사하였다. 참가 자격은 그리스의 혈통을 가진 자유시민 출신이며 품행이 바른 사람으로 제한하였다.

심판원의 임무는 단지 이러한 자격 심사에만 그치는 것이 아니었다. 참가 신청자가 종교상의 죄를 범하고 있지 않은지, 신의 휴전을 저해하지 않았는지, 또는 근친상간자로 고소되지 않았는지 등을 확인했으며, 조금이라도 흠이 있는 신청자는 변명의 여지없이 탈락시켰다. 심판원은 선수들의 훈련을 감독하고 경기가 시작되면 각종 경기의 우승자를 확정했으며, 우승자에게 종려나무 가지와 화관을 수여하고 우승자 명부를 기록했다.

특히 그들은 축제 중의 마지막 제례를 주관하고 규칙을 어기는 자를 처벌하는 중요한 임무를 가지고 있었다. 경기의 규칙을 어긴 사람에게는 벌금을 부과하였다. 이 벌금으로 스타디움의 입구에 제우스의 동상인 자네스(Zanes)를 세웠다. 모두 여섯 개의 자네스가 세워졌는데, 첫 번째 비문에는 "올림피아에서는 빠른 다리와 체력으로 이길 수 있지 돈으로는 이길 수 없다"[7]라고 새겨져 있었다. 벌금은 이 밖에도 신을 봉헌하는 데 사용되었다.

심판원들은 명예직으로서, 무보수로 일했다. 그들은 사제도 아니고 제례의 직책이 있는 것도 아니었다. 그러나 심판원들은 성스러운 행사를 주관한다는 위신만은 대단하였는데, 이는 그들의 자줏빛 예복과 머리에 쓴 올리브관에서 잘 드러난다.

제전경기의 시기는 엘리스력으로 최초의 달인 '성스러운

달', 현대력으로는 8월에 개최되었다. 초기에는 모든 경기가 하루 만에 끝났지만 기원전 472년 제77회 제전경기부터는 참가자의 수가 엄청나게 불어났고 경마, 오종경기의 시간이 많이 걸렸기 때문에, 판크라티온 경기가 늦은 밤에야 진행되기도 했다. 그때 이후 경기일수는 제전 행사까지 합쳐서 5일로 늘어났다. 경기의 일정은 자료에 따라 차이가 나는데 1일째는 선서, 진상품 봉헌, 2일째는 전차 경주, 경마, 오종경기, 3일째는 제우스 제단에 제물 봉헌, 축제 행렬, 소년 경기, 4일째는 달리기 세 종목, 레슬링, 복싱, 판크라티온, 무장 경주, 5일째는 대관식, 연회의 순이었다.

루키아노스(Lukianos : 125~180. 그리스의 풍자작가)는 제전경기 때 올림피아는 견딜 수 없을 만큼 더웠다고 말하고 있다. 키오스 사람이 노예에게 화가 나서 "나는 너를 가루 빻는 방앗간에서 일을 시켜 골탕 먹이는 것보다 올림피아의 제전경기에 데리고 가서 구경하느라고 하루 종일 뙤약볕 아래에서 고생시키는 것이 고된 형벌이라고 생각한다"[8]고 말했는데, 이것으로 보아 더운 시기에 경기를 했다는 것은 분명하다.

한편 고대에 가장 인기 있었던 종목은 오종경기였다. 그리스인은 한 가지 일에 뛰어난 것보다 모든 일에 두루 뛰어난 것을 숭상했으며, 한 가지 기술에만 전념하는 것은 노예가 하는 일이라는 관념을 가지고 있었다. 따라서 운동 경기에서도 한 가지 종목보다는 여러 가지 종목에 뛰어나야만 했다. 올림피아 제전경기 참가자의 목표는 전인적 아레테[9]를 추구하는 것이었다.

제전경기의 성스러운 의식

올림피아 제전경기 참가자들의 행렬은 엘리스에서 올림피아로 가는 길을 가득 메우고 서서히 이동하였다. 고대 올림피아 제전경기를 관장했던 심판이 자줏빛 옷을 입고 행렬의 선두에 섰으며, 그 뒤에는 전령과 나팔수들이 따랐다. 다음에는 그리스의 도시국가를 대표하는 선수들과 트레이너들이, 그 뒤에는 경주마와 기수 그리고 화려한 전차가 줄을 이었다. 각지에서 모여든 관중도 행렬에 참가하였다.

행렬은 엘리스와 신성한 올림피아 지역의 경계를 표시하는 피에라(Piera) 샘에 이르러 멈추었다. 이곳에서는 몸을 정화하는 의식이 행해졌다. 심판은 관습에 따라 한 마리의 돼지를 희생물로 바치고 피에라 샘의 성스러운 물로 정화의식을 거행하였다. 행렬은 올리브나무 사이에 자리를 잡고 하룻밤을 지냈다. 다음 날 아침 일찍 공식적인 행렬이 올림피아로 들어가면서 경기의 의식이 진행되었다.

제전경기의 첫째 날은 성지 참배와 제우스를 숭배하는 종교의식으로 시작되었다. 운동선수와 심판, 친척들이 제우스 신상 앞에서 올림피아 제전경기의 선서를 하였다. 선수들은 돼지 한 마리를 제우스에게 제물로 바친 후, 올림피아 제전경기에서 부정을 저지르지 않고 제반 규칙을 준수할 것과 열 달 동안 훈련을 마쳤다는 것을 맹세하였다. 운동선수들의 맹세가 끝나면 심판원들도 뇌물을 받지 않고 공정하게 심판할 것과 선수들의 합격과 탈락 사유를 일반인들에게 발설하지 않을 것을 맹세하였다. 선서가 끝나면 추첨으로 예선전 대전 순서를 결정하면서 경기가 시작되었다. 오전에는 전령과 나팔수 경연이 열렸고, 오후에는 각자 숭배신이나 영웅의 제단에 제물을 바치고 올림피아의 이곳저곳을 구경하면서 자유시간을 보냈다.

올림피아 축제의 3일째 아침에는 제우스에게 제물을 바치는 가장 신성한 의식이 거행되었다. 아침 일찍 행렬이 갖추어지고, 다시 한번 자줏빛 예복을 입은 심판관들이 선두에 섰다. 사제와 수행인들 그리고 제물이 될 황소 떼 100마리가 그 뒤를 따랐다. 그들의 뒤로는 그리스의 여러 도시를 대표하는 사절단이 제우스에게 바칠 은그릇과 금을 가지고 섰다. 마지막으로 전차 기수와 경마 기수, 운동선수와 선수의 아버지, 트레이너, 친척, 친구들이 따랐다.

행렬은 제우스 신전을 지나서 큰 제단의 입상 통로를 가로질러 이동하였다. 큰 제단은 수년에 걸쳐 바쳐진 희생물의 잔해로 가득 쌓인, 높이 20피트의 재로 된 무덤이었다. 제단은 신성한 천둥 번개를 가지고 있는 제우스 상의 위치와 가장 가까운 알티스의 한가운데에 세워져 있었다. 제우스의 사제로 참석한 예언자와 성직자들은 제단 가까이 설치해둔 연단으로 올라간 뒤, 군중의 수많은 시선 속에서 가축을 희생시켰다. 그들은 소의 넓적다리를 무덤의 꼭대기에 올려놓고 태웠다. 남은 고기는 올림픽 경기의 마지막 날 승리의 향연을 위해서 마기스트라테스 하우스(신전을 관리하는 곳)의 중앙 건물에 놓아두었다.

올리브관 대관식과 향연

올림피아 제전경기의 마지막 날 해가 신성한 알티스를 비출 때, 가슴에 자랑스러움을 간직한 우승자들은 공식적으로 올리브관을 씌워주는 제우스 신전을 향해서 출발하였다. 우승자에게 있어서 상을 받는 날은 평생 더할 나위 없이 영광스러운 순간, 다시 말해서 그들이 오랫동안 힘들게 훈련하면서 간절히 고대하던 순간이었다. 우승자들은 머리에 붉은 양털 띠를 두르고 오른손에는 종려나무 가지를 잡고 있었다.

신전 안으로 들어서면 조각가 콜로테스(Kolotes)가 만든 금과 상아로 된 탁자가 있고, 그 위에 야생 올리브관이 준비되어 있었다. 탁자의 삼면에는 신의 모습을 돋을새김으로 장식해놓았다. 정면에는 신들의 어머니인 헤라와 제우스, 헤르메스, 아폴론, 아르테미스(Artemis : 수렵의 여신)가, 한쪽 옆에는 아스클레피오스(Asklepios)와 히게이아(Hygieia : 건강의 여신)가 표현되어 있었다. 다른 쪽 옆은 플루토(Pluto : 하계의 왕), 디오니소스(Dionysos), 페르세포네(Persephone) 그리고 님프들이 그려져 있었다. 탁자의 뒷면에는 올림피아 제전경기 규칙이 새겨져 있었다. 올리브관을 시상하기 이전에는 신전 입구의 탁자가 있던 자리에 청동 세발솥이 놓여 있었다.

우승자들은 제우스 신전 앞에 모였고, 주변에는 그들의 친척과 친구 그리고 수많은 관중이 대관식을 구경하기에 좋은 자리를 차지하려고 서로 부딪치곤 하였다. 전령은 승리한 선수의 이름, 아버지의 이름, 도시의 이름을 큰소리로 외쳤으며, 이때 심판은 누가 올림피아 제전경기에서 승리하였는지를 명백하게 고하였다. 또 누가 추첨에 의해서 예선을 거치지 않았는지 또는 상대할 자가 없어서 싸우지 않고 이겼는지도 빠짐없이 확인하였다.

그 후 우승자들은 한 사람씩 프로나오스(pronaos : 제우스 신상 앞)로 나가서 심판으로부터 올리브관을 수여받았다. 관중은 그들의 공적을 환호하였다. 신에게 선택되어서 승리의 상징을 장식한 우승자들은 관중이 뿌리는 나뭇잎과 꽃 세례를 받으면서 신전 앞으로 나아갔다. 이러한 필로볼리아(Phyllobolia : 잎 던지기)는 신과 인간 사이의 신비로운 교섭을 의미하였으며, 경기의 근원이 되는 식물의 성장의식과 관련이 있었다. 엽관(葉冠)은 관을 쓴 사람에게 식물의 성장을 활발하게 하는 힘이 옮겨간다는 것을 의미했다.

올리브관 대관식이 끝나면 우승자를 축하하는 향연이 벌어졌다. 감격에 취한 동향 사람들, 친척이나 친구들은 신전에 울려 퍼지는 축복의 탄성을 들으면서 승리의 올리브관으로 장식된 행복한 젊은 경기자를 엄숙한 축하의 자리로 인도해갔다. 아름답게 꾸민 우승자는 늘어선 행렬 속에서 천천히 걸었다.

나라의 사절이나 대표들은 제각기 화려함의 극치를 자랑하면서 축하 행렬에 참여하였다.

엘리스의 심판관들은 축제의 마지막 행사로, 우승한 선수를 위하여 거대한 연회를 주관하였다. 연회에서 중요한 과정은 경기의 3일째 날에 제우스에게 바친 동물 100마리로 마련한 만찬이었다. 승리의 노래가 프리타네이온(향연관)에 울려 퍼지고, 축제는 몇 시간 동안 계속되었다. 향연 참석자들은 산더미 같은 고기를 다 먹어치우고 근처의 포도밭에서 생산된 신선한 포도주를 마셨다.

승리한 선수는 플루트와 수금(하프)의 반주에 맞추어서 노래하고 춤추는 친구들에게 둘러싸였다. 그들은 노래와 음악으로 우승자를 더없이 미화시켰다. 그 자리에서는 모두가 알고 있는 노래가 불려지는가 하면 즉흥시를 지어 승리한 주인공을 찬양하기도 했다. 우승자를 위한 축가의 일부는 고대 헤라클레스의 승리를 찬양하는 것이었고, 나머지는 다른 어떤 신의 승리나 영웅의 모험을 노래한 것이었다.

이렇게 해서 성역은 밤새워 노래와 기쁨으로 들끓었다.[10] 다만 패자만이 참석하지 않고 몰래 떠났다. 핀다로스는 피티아 송시 제8권에서 한 소년 선수의 귀향에 대하여 다음과 같이 묘사하였다.

　　　패자였기 때문에 웃음도 없고
　　　유쾌하게 귀향하지도 못 하였네.

그들은 즐거움도 없이 남몰래
자기 어머니에게 돌아갔다네.
좁은 골목길로 다른 경기자를
피하였네.
그들은 패배의 고통을
알게 되었네.[11)]

스파르타에서는 시민들에게 권투나 판크라티온 경기에 참가하는 것을 금지시켰는데, 그것은 스파르타인들이 대중 앞에서 스스로 패배를 시인하는 것을 불명예로 여겼기 때문이다. 스파르타인들은 싸우지 않는 것보다 싸워서 지는 것이 더 불명예스러운 것이라고 생각하였다. 그래서 패자는 동료들에게 동정심도 얻지 못하고 패배에 대한 상처로 고통받으면서 뒷길로 사라졌다. 이들은 고향 도시에서도 역시 위로나 환영을 받지 못하였다.

우승자 예찬

도시국가의 개선식과 특권

올림피아 제전경기에서 우승한 선수들은 고향의 도시에 돌아오면 성대한 개선식을 치렀다. 그들에게는 특권이 주어졌고, 물질적 보상과 상품도 받았다. 올림피아에서의 승리는 우승자의 출신 도시에게도 큰 명예였다. 안도키데스(Andocides : BC 440~BC 390. 아테네의 웅변가)에 의하면 우승자는 고향의 도시에서도 시상식을 가졌다고 한다. 이소크라테스(Isokrates : BC 436~BC 338. 아테네의 웅변가)는 알키비아데스에 대해서 다음과 같이 전하고 있다.

그는 올림피아에서 전 그리스를 감격의 도가니로 만드는 제전을 보았다. 호사와 부유함, 힘과 정신을 과시하는 헬레네를 보았다. 선망의 대상이 되어 있는 경기자와 우승자를 배출하여 부러움을 사는 도시를 보았다.[12]

도시의 경축 입장식은 우승자의 승리를 축하하는 개선식 행렬을 따르는 것이었다. 사방에서 모여든 관중은 우승자에게 꽃과 잎을 뿌렸다. 당시에는 전쟁에서 이기고 돌아온 병사들이 신에게 그들의 전리품을 바치곤 했다. 경기의 우승자들 역시 이와 같은 방법으로, 산 제물과 자신의 관(冠)을 바치기 위해서 우선 그 도시의 수호신이 있는 신전으로 갔다. 그 다음에 도시의 통치자나 우승자가 많은 사람들을 초대하여 성대한 축하 연회를 열었는데, 부자인 경우에는 모든 시민을 초대하기도 하였다.

올림피아 제전경기에서 이긴 우승자의 명성은 그리스 세계 전역으로 퍼져나갔다. 우승자 자신의 이름과 확고하게 연결되어 있는 그 도시의 이름 또한 그리스 전역에 알려졌다. 그러므로 고국에 돌아온 올림피아 제전경기의 우승자는 열광적인 환영을 받았다. 당당하게 4두 전차에 서서 입장하는 우승자를 위하여 사람들은 성벽의 일부를 헐었다. 그리스 초기에는 우승자를 신과 동등하다고 믿었다. 우승자는 인간이 아니라 신으로서 그 도시에 들어오기 때문에 특별한 문이 필요하였다. 후기에는 이러한 관습의 의미가 변화되었다. 인간은 성공하기 위하여 그들 자신의 힘에 의존하기 시작했기 때문에 더 이상 신의 개입이나 도움이 필요하지 않았다. 성채가 필요하지 않은 강한 사람을 탄생시킨 도시를 표현하기 위하여 그들은 개방되어 있는 벽으로 들어왔다.

후기 우승자에게 제공된 영예는 특히 부유한 도시에서는 지나치다고 말할 수 있을 정도로 점점 증가되었다. 이러한 예는 기원전 416년과 412년 스타디온 경주에서 2회 연속 우승한 아크라가스의 엑세이네토스(Exainetos)를 환영하기 위해서 준비해둔 것을 보면 알 수 있다. 두 번 우승한 뒤에, 그는 두 마리의 흰말이 끄는 전차를 탄 가장 영향력 있는 시민 300명을 수행하고, 4두 전차를 탄 채 아크라가스에 들어갔다.[13] 이렇게 호화로운 행진은 유례가 없는 일이었다. 비트루비우스 (Vitruvius : 로마의 건축가이며 작가)는 다음과 같이 우승자 환영 행렬을 기록하고 있다.

올림피아 경기, 피티아 경기, 네메아 경기에서 이겨 우승한 경기자들은 모든 관중이 지켜보는 가운데 종려의 가지나 엽관을 수여받으며 축복받았을 뿐만 아니라 고향에서도 말 네 필이 끄는 호화로운 전차를 타고 환영을 받았다. 우승자는 행렬을 만들어 시가의 중심을 누비는 명예로운 찬양을 받았다. 조국은 우승자에게 그 전 생애를 통하여 여러 가지 혜택을 베풀었다.[14]

이처럼 올림피아 제전경기의 우승은 전쟁에서 승리하는 것과 같은 높은 가치가 있었다. 핀다로스는 다음과 같이 기술하였다.

전쟁이나 경기에서 영광을 획득한
우승자에게 최고의 상을 주고
시민들은 그의 탁월성을 찬양하였다.[15]

루키아노스의 『아나카르시스 *Anacharsis*』(솔론 시대의 운동경기에 대한 담화집)에서 솔론(solon : BC 638?~BC559?. 아테네의 입법가. 그리스 칠현의 한 사람)이 말하기를, 우리는 경기에서 상을 타고 도시와 자신에게 더 많은 이익을 얻을 수 있도록 하기 위해서 사람들에게 신체운동을 강요하고 있다고 했다.

우승자에게 주는 특권과 특별대우는 도시에 따라서 달랐다. 아테네에서는 가장 고귀하고 혁혁한 공훈을 세운 시민을 접대하는 귀빈관에서 무료 식사가 제공되었다. 보다 큰 특권은 올림피아 우승자를 그 도시의 가장 중요한 공무원, 시민, 보호자와 동등한 수준에 올려놓았다는 점이다. 그들은 공적인 경기에서 경기의 임원이나 사제들과 함께 영예의 자리에 앉았으며, 일반 대중들이나 외국 대사들과 구별되었다. 기원전 5세기 중엽, 우승자에게는 일생 동안 세금 면제의 특전이 주어졌다. 공공장소에 세워둔 기념 석주에는 그들의 이름이 새겨졌다.

스파르타의 올림픽 우승자들은 전쟁시 왕의 곁에서 싸울

자격이 주어지는 호모이오이(Homoioi)에 포함되는 가장 높은 특권을 누렸다. 왕이 경기에서 승리한 사람과 함께 전쟁에 나서는 것은 스파르타의 관습이었다. 다음의 일화는 경기의 우승자가 왕의 곁에서 싸우는 것이 얼마나 영예로운 것인가를 나타내주고 있다.

어떤 스파르타 사람이 경기장에 나가는 것을 보류하면 막대한 뇌물을 주겠다는 것을 거절했다. 그리고 그는 치열하게 싸워 상대를 쓰러뜨렸다. 그러자 관중 속의 어떤 사람이 그에게 "스파르타인이여, 그렇게 열심히 싸워서 승리하면 무슨 이득이 있는가?"라고 물었다. 그러자 그는 빙그레 웃으면서 이렇게 대답했다. "나는 적들과의 전투에서 왕의 곁에서 싸울 수 있다오."16)

알렉산드로스 대왕 이후의 그리스와 로마 시대에는 출신 도시뿐만 아니라 다른 도시에서도 올림피아 우승자에게 시민권과 평의회의 명예직을 주어서 예우하는 경우가 있었다. 특히 황제의 시대에는 소년 우승자가 평의회의 위원이 되는 일도 드물지 않았다. 따라서 우승자들은 많은 도시의 명예 시민권을 부여받았다. 또한 그들에게는 극장의 지정석도 주어졌다.

올림피아 제전경기에서 우승한 사람은 실제로 많은 지역에서 식민지의 장군이나 지휘관으로 임명되었다. 예를 들면 크로톤(Kroton) 출신의 유명한 레슬링 선수 밀론(Milon)은 시바리스인(Sybarite)과의 싸움(BC 510)에서 사령관이 되었고, 엘리스의 에우알키다스(Eualkidas)[17]는 이오니아 전쟁에서 에레트리아의 지휘관이 되었다. 파우사니아스는, 펠레네(Pellene)의 오종경기 우승자 프로마코스(Promachos)가 코린트의 침략군을 막는 싸움에서 많은 적을 혼자서 무찔러[18] 크게 칭송을 받았다고 전하고 있다.

물질적 보상과 상품

올림피아에서는 다른 국가적 제전과는 달리 우승한 경기자에게 올리브관과 종려나무의 가지 및 우승자의 머리띠 외에는 아무것도 주지 않았다. 아리스토텔레스는 이것을 주지의 사실로 기술하고 있는데, 그는 『수사학』에서 다음과 같이 말하고 있다.

도리에우스(Dorieus)가 승리의 올리브관을 얻었을 때 그는 올림피아에서 이겼다는 것밖에 아무것도 할 말이 없었다. 올림피아에서 승리한 뒤 대관의 의식이 거행되었으며 이런 일은 너나할것없이 모두가 다 알고 있다.[19]

그리스인들은 돈을 벌기 위해서 경쟁하지 않는 것을 자랑으로 여겼다. 그러나 그리스인들이 승자에 대한 보상으로 돈을 주지 않고 단순히 올리브관 하나만을 머리에 씌워주는 것을 본 페르시아인들은 경악을 금치 못했다.

그는 침묵을 지킬 수가 없어서 모든 사람들 앞에서 선언했다. "마르도니오스의 위대한 신들이여, 도대체 우리는 어떤 사람들을 상대로 싸움을 해온 겁니까? 이들은 재산을 갖기 위해서 싸우는 것이 아니라 명예로운 이름을 위해서 싸우는 사람들이 아닙니까?"[20]

그러나 실제로 우승자가 아무런 물질적 보상도 받지 않는 것은 아니었다. 아폴론 경기에서는 기원전 6세기에 값나가는 물건을 부상으로 주었다. 우승자가 배출된 도시에서는 우승자에 대한 보상을 아끼지 않았다. 예를 들어 아테네에서는 솔론이 올림피아 제전경기의 우승자에게는 500드라크마, 지방경기 우승자에게는 100드라크마의 포상금을 주는 제도를 만들었다. 1드라크마는 양 한 마리 혹은 곡물 1메딤노스(medimnos)의 가치가 있었다. 펜타고시오메딤노이(pentakosiomedimnoi : 일 년에 500메딤노이의 곡물을 생산할 수 있는 땅을 소유한 사람)가 가장 부유한 상류층이었다는 것을 감안해보면 포상금의 가치가 얼마나 큰 것인지 쉽게 알 수 있다.

이보다 상이 더 많았다는 증거도 있다. 디오 크리소스톰(Dio Chrysostom : 50~110. 그리스의 웅변가, 철학자)은 올림픽 우승자에게 5달란트를 주었다고 주장하였는데, 솔론이 아티카의 달란트에 대한 가치를 6,000드라크마로 정했다는 사실로 미루어보면 그 경제적 가치를 짐작할 수 있다. 이외에도 크세노폰 (Xenophon : BC 434?~BC 355?. 그리스의 철학자, 역사가, 장군) 은 6세기부터 우승자에게 유산으로 물려줄 수 있을 만큼의 충분한 포상금을 주었다고 한다.

신성한 제전이라던 올림피아에서도 우승자에게 상금이나 연금이 주어지면서 마침내 프로선수에게도 그 문호가 개방되기에 이르렀다. 제전경기가 외형적으로 융성해짐에 따라 점차 세속화, 상업화된 것이다. 올림피아의 명성을 좇아 피티아, 네메아, 이스트미아에서도 경기가 열리고 이 4대 경기 외에 많은 지방 경기도 벌어졌다. 이에 각 도시들은 우수한 선수를 유치하기 위해 상금을 내걸게 되고, 이를 노려 경기장을 돌아다니는 직업선수가 등장하게 되었다. 원래는 그리스 자유인 가운데 상류층 계급으로 한정되었던 것이 외국인은 물론 하층 계급에게까지 개방되었다.

올림피아 제전경기 외에 기원전 6세기와 5세기에는 이름도 알 수 없는 지역 축제가 여기저기에서 무수하게 창설되었다. 핀다로스가 열거한 우승자의 명단을 보면 모든 국가는 하나 이상의 운동 경기 축제가 있었으며, 아테네와 스파르타 같은 국가는 특히 많은 경기를 개최했던 것이 분명하다.

축제의 일부 경기는 모든 지역의 선수에게 개방되어 있었으며, 상으로는 세발솥이나 다른 가치 있는 물건들이 주어졌다. 우승자들은 그 지역에서 만든 물건을 상으로 받기도 하였는데, 펠레네에서는 망토, 아르고스에서는 방패, 아테네에서는 올리브유가 든 도자기를 받았다. 때에 따라서 우승자는 희생 제물을 나누어 받기도 하였다.

　호메로스의 『일리아스』 23장 장례경기에 세발솥이 상품으로 등장하고 있으며, 핀다로스의 이스트미아 송시 제1권에서 전설적인 영웅 카스토르(Castor)와 이올라오스(Iolaus)는 경기에서 우승한 덕분에 "자신의 집을 세발솥과 청동솥과 황금 술잔으로 장식할 수 있었네"라고 노래하고 있다. 런던의 대영 박물관에는 상품으로 주었던 청동솥이 전시되어 있다. 이 세발솥의 연대는 기원전 6세기로 추정되는데, 겉면에 "나는 페이딜라오스(Pheidilaus)의 아들, 오노마스토스 경기에서 상품으로 받았다"라고 새겨져 있다. 이외에도 동전이나 도자기 파편에 세발솥 상품을 사이에 두고 경기를 벌이는 장면들이 묘사되어 있다. 데이비드 산소네(David Sansone)는 운동 경기가 제물 봉납 의식의 한 형태로 실시되었다면, 세발솥은 제물 조리 용기였을 것으로 보는 것이 타당하다고 하였다. 그 근거로, 제물 희생은 생명의 파괴를 통하여 생명의 연장을 보장하려는 것이 목적이기 때문에, 제물을 절단하고 곧바로 청동솥에 넣어 삶는 제례의 결과로서 소생과 부활을 얻게 된다는 메데아(Medea)의 신화를 예로 설명하였다.

　기원전 566년부터 매4년마다 열리는 범아테네 제전에서 우승한 선수에게 수여하는 상의 대부분은 올리브유가 담긴 도자기였다. 1,300개나 되는 올리브유 도자기가 상으로 주어졌으며, 그 중 전차 경주의 우승자는 100개의 올리브유 도자기를 상으로 받았다. 도자기 한 개는 적어도 12드라크마의 가치가 있었다.

올리브유를 담았던 범아테네 도자기의 한쪽에는 아테네인들의 모습이 그려져 있고 다른 쪽에는 시상하는 경기의 그림이 그려져 있다. 이러한 도자기는 고대 운동 경기를 해명하는 데 상당한 도움을 주고 있다.

그 중 한 도자기 그림에는 창을 들어 싸울 태세를

부상으로 주어진 올리브유 도자기(암포라).

갖추고 앞으로 성큼 발을 내딛는 아테나 프로마코스(무장을 한 아테나)가 있다. 아티카 흑색 도자기 그림에 등장하는 아테나의 일반적인 모습이다. 기원전 560년경부터 4세기 말까지 범아테네 제전경기에서 상으로 수여된 도자기의 아테나가 바로 이런 모습이다. 아테네에서는 흑색 도자기에 최고 품질의 올리브유를 담아 4년마다 열리는 범아테네 제전에서 상으로 수여하였다. 도자기가 제작된 두 세기 반 동안 암포라(두 개의 손잡이가 달린 타원형 항아리)의 형태에는 약간의 변화가 있었지만 묘사된 내용에는 변화가 없었다. 언제나 한 면에는 두 개의 원주 사이에 아테나 프로마코스가 서 있고, 그 옆으로는 '아테네에서 열린 경기에서 수여하는 상'이라는 명문이 적혀 있다. 또, 다른 쪽 면에는 수상 종목이 무엇인지 묘사되어 있다.[21] 이와 같이 올리브유를 상으로 준 것은 아테나가 올리브나무를 선물로 주어 아티카를 얻었기 때문이다. 범아테네 제전에서 상으로 수여된 암포라에는 그녀가 선사한 바로 이 올리브나무에서 짠 기름을 담아주었다.

우승자 조각상

기원전 6세기 중엽에서 초기까지 큰 경기에서 우승한 선수에게는 그들의 성공을 기념하기 위해서 때때로 출신 도시나 국제적 성지인 올림피아에서 실물 크기의 조각상을 만들어서 봉헌하도록 허락하는 일이 생겼다. 이러한 관습은 승리를 위해 소원을 빌면서 작은 조각상을 제공한 과거의 관습에서 왔을 가능성이 있다. 올림피아에 제공된 소형 청동 전차와 기수, 말을 탄 기수, 나체 전사의 작은 조각상 등 수천 개의 봉헌물은 경기의 승리를 서약한 보상으로 제공되었다.

우승자에게는 승리의 기념으로 알티스의 성스러운 정원에 조각상을 세우고 거기에 승리하게 된 사유를 적어 넣는 것이 허용되었는데, 이것은 파격적인 명예였다. 그러나 누구나 그 얼굴을 돌에 새길 수 있는 것은 아니었다. 다만 찬양할 만한 행위로 인해 영원히 남을 가치가 있는 자에게만 이것이 허용

되었다. 성스러운 경기, 그 중에서도 올림피아 제전경기에서
는 우승자의 조각상을 세우는 것이 관례였다. 플리니우스
(Gaius Plinius Caecilius : 61?~113?. 고대로마의 정치가, 작가. 대
표 저서는 『서한집』)의 증언에 따르면, 3회 승리를 기록한 우
승자에게는 인물상을 새긴 조각상을 세울 수 있도록 허락하였
다고 한다. 이것을 이코니카(Iconica)라고 하였다. 그러나 이는
후기에만 적용될 수 있었다. 4세기 이전에는 초상화 조각상이
거의 알려져 있지 않았다.

　가디너(Gardiner)는 기원전 544년 귄투에서 우승한 아이기
나의 프락시다마스(Praxidamas)의 조각상이 최초의 우승자 조
각상이며, 그로부터 8년 뒤 판크라티온의 우승자 오포우스
(Opous)의 렉시비우스(Rexibios)의 조각상이 있다고 하였다. 그
러나 파우사니아스가 전해주는 바에 의하면, 그보다 더 이른
시기에 만들어진 우승자의 조각상은 기원전 564년 올림피아
제전경기에서 우승한 유명한 판크라티온 선수 아르키온
(Arrichion)을 기념하기 위하여 올림피아와 아고라(Agora)의 피
갈레이아(Phigaleia)에 세워진 조각상이다.22)

　이 기념물의 값은 누가 치렀을까? 먼저 도시 당국은 성벽에
세울 조각상을 만들었다. 올림피아 조각상의 경우에는 우승자
가 모든 비용을 부담했는데 비용이 아주 많이 들었다. 따라서
대부분의 우승자가 조각상을 만들지 않았을 것이라고 짐작할
수 있다. 종종 신탁이 내려져서 나중에 우승자의 조각상을 세
워주는 경우도 있었다. 올림피아에서의 승리는 그의 출신 도

시에 있어서도 대단한 명예였으므로, 그 도시가 우승자 조각상의 제작비를 부담하는 일도 적지 않았다. 예를 들면 아테네는 오종경기의 우승자 아리스토폰(Aristophon)을 위하여 조각상의 제작비를 내주었다. 소아시아 이오니아인의 도시 클라조메나이(Klazomenai)는 처음으로 올림픽 경기에서 이긴 소년 스타디온 경주의 우승자 헤로도트(Herodot)의 조각상을 만들었다. 또한 코스 섬의 주민은 레슬링 선수로 유명한 필리노스(Philinos)를 위하여 조각상을 만들었다.

때로는 한 도시가 우승자를 위하여 두 개의 조각상을 세운 일도 있었다. 펠레네(Pellene)는 프로마코스(Promachos)가 오종경기에서 이겼을 때 조각상 하나는 올림피아에 세우고, 다른 하나는 출생지의 김나시움 안에 세웠다. 그런가 하면 어떤 도시가 다른 도시에서 나온 우승자를 찬양해서 그의 조각상을 세워준 일도 있었다. 한 예로, 아이톨리에르(Aitolier)는 엘리스의 올리다스(Olidas)를 위해서 조각상을 만들어주었다. 이 밖에 아카이아(Achaia) 주민이 제139회 올림피아드(BC 224)의 경마 경주의 우승자인 엘리스의 판타르케스(Pantarkes)를 위하여 기념비를 세웠는데, 그것은 엘리스와의 싸움에서 그가 양국의 화평을 중재하고, 포로의 교환에 힘썼던 공적에 감사의 뜻을 표하기 위해서였다.

소년 우승자의 경우에는 자기의 힘으로 조각상을 세울 수가 없었기 때문에, 양친이나 친척 또는 고향의 도시가 이를 주선해주었다. 예를 들어 로도스의 디아고라스(Diagoras) 가계에서 나온 우승자들의 조각상은 한자리에 모아서 세워졌다. 겔리우스(Gellius : 역사가)에 의하면 디아고라스의 첫째 아들은 권투, 둘째 아들은 판크라티온, 셋째 아들은 레슬링의 우승자였다. 파우사니아스에 의하면 사모스(Samos) 출신의 이름 모를 어떤 레슬링 우승자를 위하여 교사인 미콘(Mykon)이 올림피아에 조각상을 세워 이를 기증하였다고 한다.

이와 같이 세워진 선수의 조각상은 올림피아에만 수백 개가 있었다. 조각상들은 대부분 청동이었는데, 후기에 와서 금속을 만들기 위하여 녹였기 때문에 소실되고 없다. 그러나 다양한 연대가 기록되어 있는 대리석 복사본이 우리에게 많이 알려져 있어서, 그것들의 확인을 통하여 특별한 선수에 대하여 추측할 수 있다. 유일하게 온전히 남아 있는 우승자의 조각상으로, 5세기 초 시라쿠사의 세습적 참주 가문(데이노메네스 가문)의 겔론(Gelon)이 델포이 신전에 헌납한 청동제 조각상(전차를 몰고 있는 겔론 자신의 모습을 조각한 것)을 들 수 있다.

이러한 조각상들은 초상화(꼭 닮은 것)를 조각한다는 관례는 없었다. 우승자는 승리를 축하하기 위해서 신성한 올림피아의 숲에 조각상을 세울 수 있었지만, 공식적으로 그 조각상은 상징이나 조상이었다. 앞서 언급했듯이, 조각상은 대부분 청동으로 만들었으나, 특별히 대리석이나 돌로 만든 것도 있었다. 가장 오래된 조각상은 목조로 만든 것이었다.

19세기 말경에 올림피아가 발굴되었을 때, 알티스의 성스러운 정원의 밖에는 이런 종류의 조각상이 존재하지 않는다는 것이 밝혀졌다. 조각상은 모두 정원 안에 세워져 있었다. 아마도 우승자는 아무도 정원 바깥에 기념상을 세우고 싶어하지 않았던 것으로 생각된다. 입상은 정원 안을 지나는 길 위와 신전 옆에 세워져 있었다.

세우는 장소의 선택에 있어서는 다소의 차별이 있었던 것으로 보인다. 파우사니아스에 따르면, 예술적으로 보아 가치가 낮은 조각상은 정원의 뒤쪽으로 세워졌고, 앞쪽에는 특히 뛰어난 성과를 올린 경기자의 조각상이나 예술적으로 훌륭한 걸작을 세우는 것만이 허용되었다. 파우사니아스는 정원 내에 있는 조각상의 수가 230개라고 하고 있으나, 이것은 중요 조각상만의 숫자이다.

우승자 기념상의 형태에는 일정한 규정이 있어서 예술가는 이에 따라서 기념상을 만들었다. 심판은 조각상의 크기가 우승자의 몸과 맞는지에 특별히 주의하였다. 루키아노스에 따르면, 조각상의 크기는 일반적으로 사람 크기 정도이지만, 고고학적으로 발굴된 물품, 특히 받침대를 보면 이들 조각상은 훨씬 더 거대했을 것이라고 한다.

많은 조각상의 경우에 그것이 어떠한 경기 종목을 표현한 것인지를 곧 알 수 있다. 기원전 364년 제104회 올림피아드의 오종경기에서 우승한 엘리스 출신의 휘스몬(Hysmon)은 손에 도약추를 들고 있다. 아르고스의 예술가 에우텔리다스(Eutelidas)와 크리소테미스(Chrysothemis)에 의해서 만들어진 무장 경주의 최초 우승자 다마레토스(Damaretos)의 조각상은 갑옷을 입고 투구를 썼으며 방패를 들고 있는 모습으로 묘사되어 있다. 말이나 전차를 타고 있거나 원반을 들고 있는 조각상들처럼 운동 경기의 종류를 그대로 표현하고 있는 작품들도 있다.

아카이아의 디메 출신 오이보타스(Oibotas)는 기원전 756년 제6회 제전경기의 스타디온 경주 우승자인데, 고향에서 자신의 기념상을 만들어주지 않아 크게 분노한 나머지 그 도시에서 한 사람의 우승자도 나오지 않기를 바라면서 고향을 떠나버렸다. 그 후 300년이나 되는 오랜 기간 동안 이 도시의 사람들은 몇 번이나 올림피아 제전경기에 참가하였으나 아무도 올리브관의 영예를 얻지 못했다. 그래서 사람들은 델포이의 신탁에 이를 물었는데, 그 결과 성공하지 못하는 원인이 오이보타스의 저주 때문이라는 점괘가 나왔다. 사람들은 놀라서 곧 오이보타스의 우승자상을 세웠다. 그러자 바로 그 다음 경기인 기원전 460년 제80회 제전경기에서 펠레네 출신의 소스트라토스(Sostratos)가 소년 스타디온 경주에서 우승을 하였다. 그 뒤로 아카이아인들이 경기에 앞서 오이보타스의 무덤 앞에서 봉헌물을 바치는 것은 관례가 되었다. 경기가 끝나고 누군가가 우승하게 되면 역시 오이보타스의 조각상에 올리브관을 씌워주었다.

우승한 왕과 통치자들은 신성한 알티스에 그들의 상을 세움으로써 그들의 이름을 영속화시켰다. 조각상의 비문에는 우승자의 이름, 우승자의 아버지의 이름, 출신 도시 그리고 종종 승리한 경기 종목을 새겼다. 이러한 비문 덕분에 우승자는 자신의 일생뿐만 아니라 올림피아에 관중이 계속 모이는 한 다음 세기에도 계속 이름을 남길 수 있었다. 비문은 보통 조각상의 돌받침에 새겨져 있는데, 대부분 그 받침의 평평한 표면 위나 가장 잘 보이는 세로 면에 새겨져 있다. 그러나 작품 자체나 조각상의 머리 위, 전차 위나 말 위에 새겨져 있는 경우도 있다. 비문의 글자는 시간이 지남에 따라 점점 질이 나빠졌기 때문에, 올림피아 우승자들의 후손이나 작가들이 이를 복원하거나 보수하였다. 우승자들은 자신의 조각상에 사람들의 관심을 끌기 위해 상당한 노력을 했다. 종종 그들은 단순한 산문을 피하거나, 혹은 산문이나 시구 두 가지를 모두 새기기 위해서 텍스트를 써달라고 시인에게 주문하였다. 당시의 시인이었던 에피니키아의 케오스 출신 시모니데스(Simonides)는 조각상에 새겨 넣는 작품을 여러 개 만들었다[23]고 말하고 있다.

후기에는 올림피아에 명예직의 조각상을 세우는 관습이 생겨났는데, 정치가나 장군뿐만 아니라 아리스토텔레스나 아낙시메네스와 같은 철학자의 조각상도 세워졌다고 한다.

통치자와 왕들은 올림피아의 전차 경주에서 우승한 뒤 이 국가적 경사를 기념하여 위해서 주화를 발행하여 모든 사람에게 알리려고 하였다. 이러한 주화 가운데 하나가 기원전 5세기에 나온 시칠리아 겔론의 데카드라크몬(Dekadrachmon des Gelon)이다. 주화의 표면에는 명부의 여왕(Kore, Persephone)을 새기고 이면에는 4두 전차를 새겨 넣었다. 또, 기원전 480년

기념주화.

제75회 올림피아드의 전차 경주에서 우승한 레기움의 참주 아
낙실라오스는 전차 경주의 모습이 담긴 은화(silver terradrachm)
를 주조하였다. 이 밖에 마케도니아의 필립 2세는 기원전 356
년 제106회 올림피아드의 경마 경주 우승을 기념하여 앞면에
는 월계관을 쓴 제우스의 두상을, 뒷면에는 손에 종려나무 가
지를 잡고 있는 승리한 기수의 그림을 넣은 은화를 주조하였
다. 그는 또한 기원전 352년 혹은 348년 올림피아의 전차 경
주에서 승리한 것을 기념하기 위하여 앞면은 월계관을 쓰고
있는 아폴론의 두상을 묘사하고 뒷면은 2두 전차와 기수를 묘
사한 금화를 발행하였다.[24]

우승자 송시

승리를 기념하기 위한 송시는 기원전 6세기와 5세기 운동 경기와 운동의 성공에 더해졌던 중요성을 설명하는 색다른 또 하나의 관습이 되었다. 가장 위대한 조각가가 경기의 우승을 기념하기 위해서 고용되었을 뿐만 아니라 가장 위대한 서정시인 또한 승리의 찬가로 우승자의 영광을 축하하였다.

축제 때에 젊은이들은 플루트 가락에 맞춰서 춤을 동반한 노래를 불렀다. 이런 행사를 통해서 기원전 6세기부터 유명한 시인들에게 행사의 목적을 기리는 시를 써줄 것을 청탁하는 관습이 생겨났다. 특히 도리아인들은 연회나 제식 행사의 일부로서, 우승자를 위한 장중한 합창시가(合唱詩歌)를 쓸 시인을 파견하곤 했다.

최초의 송시는 기원전 7세기의 대 시인이었던 아르킬로코스(Archilochos)가 지은 것이다. 이 찬가는 헤라클레스와 헤라클레스의 기수 이올라오스(Iolaos)를 칭송한 것인데, 수백 년 동안 올림피아에서 우승자가 나타날 때마다 불려졌다.

> 만세! 빛나는 우승자! 주관자 헤라클레스 그대와 이올라오스, 만세!
> 투창에 뛰어난 이 두 사람![25]

이로부터 100년이 지난 6세기 말에 시모니데스는 우승자를 찬양하는 찬가를 지었다. 그의 기지 넘치는 송시는 알티스의 성스러운 정원 안에 세워진 조각상의 비문에 새겨져서 경기자의 승리를 영원히 전해주고 있다. 시모니데스는 경기자로서 그리스의 국가적 제전에서 승리하여 칭송을 받았는가 하면, 그가 지은 개선찬가(Epinikein)는 유명한 우승자 송시의 거장 핀다로스의 시에도 뒤지지 않았다. 그러나 시모니데스의 시 일부가 이집트의 파피루스에 발견되기 몇 년 전까지는 그의 문하생이며 조카인 바킬리데스(Bakchylides)가 더 잘 알려져 있었다.

5세기 초의 가장 장중하고 위엄이 있는 시인으로는 아이스킬로스(Aischylos)와 핀다로스가 있다. 핀다로스는 4대 제전경기의 우승자들을 칭송하는 승리찬가의 작사자로 우리에게 알려져 있다. 핀다로스의 시 가운데 대부분은 그리스가 승리한 뒤 운동에 대한 열정이 거대하게 폭발한 페르시아 전쟁 후에 지어졌다. 핀다로스의 시는 매우 화려한 것이었으며, 대부분은 승리의 찬가이다. 그가 지은 『승리찬가』 네 권은 다른 작품에 비하여 비교적 잘 보존되어 있는데, 이 찬가 속에서 전차경주와 경마의 우승자, 권투, 레슬링이나 경주의 우승자가 새로운 생명을 받아 후세에 되살아나게 된다. 제1권은 올림피아의 우승자를 찬양한 14수의 시로 되어 있고 다른 세 권의 시는 피티아 경기, 네메아 경기, 이스트미아 경기의 우승자들을 찬양하는 내용이다.

핀다로스는 그리스의 제전경기에 참가하고 때로는 우승자의 고향도 방문하였다. 그는 제전이 거행되고 있는 자리에서 스스로 찬가를 부르기도 했다. 우승자가 고향의 도시에 입성할 때 또는 떠들썩하게 축연이 벌어질 때 그의 수금 소리가 울려 퍼졌다. 합창단은 도시의 청년들과 우승자의 친구들로 편성되었다. 합창단의 연습은 시인이 스스로 지도하기도 하고 또는 성가대 지휘자가 맡기도 했다.

보통, 우승자 또는 친구나 가족이 시인에게 시 창작을 의뢰하는데, 우승자나 주위 사람들이 시인에게 보수를 지불할 재력이 없는 경우에는 시 당국이 의뢰하는 수도 있었다. 핀다로스는 테베의 귀족이었지만 돈을 받고 시가를 써주었다고 전해지고 있다. 그는 자신의 작품을 아주 비싼 값에 팔았기 때문에 명망 있는 가문에서나 이런 송가를 짓게 할 수 있었다고 한다. 전하는 바에 의하면 핀다로스는 한 작시에 대하여 3,000드라크마를 받았다고 한다.

그러나 핀다로스는 보수를 목적으로 하지 않는 운동선수나 이기적인 동기가 없는 운동선수에 대해서도 시를 썼다. 또 경기의 순수한 즐거움과 명성의 소중함에 대하여 찬가를 지었다. 이 밖에 양치기와 농부, 새 사냥꾼, 그리고 그리스 계곡의 흉포한 기근을 막기 위해서 노력하는 바다 사육가를 위해서도 시를 지었다.

이러한 찬가는 보통 3부로 구성되었는데, 1부는 서주(序奏), 2부는 중심이 되는 영웅전, 3부는 결구였다. 서주에서는 우승자의 인물, 그 업적과 승리 또는 그의 가정에 대하여 노래하였다. 2부로 들어가면 제전의 역사나 경기의 기원(제1, 2, 10회 올림픽 찬가 참조)을 들추고 또는 우승자의 위대한 성과를 노래하였다.

핀다로스의 이름과 명망은 그리스 전역으로 퍼져나갔다. 외국에서 그가 얼마나 높이 평가되었는지는 다음과 같은 사실로 미루어보면 알 수 있다.

기원전 335년 알렉산드로스 대왕이 핀다로스의 출생지 테베를 공격하여 이곳을 폐허로 만들었을 때의 일이었다. 이때 그는 신들의 성지와 핀다로스의 집만은 파괴하지 않았다. 그리고 그는 그 집에 다음과 같은 글을 써붙여놓았다. "이 집은 시인 핀다로스의 집이다. 집은 소실(燒失)에서 구출되었다."[26]

다음은 델포이에서 행해진 레슬링 시합에서 아이기나 출신 청년의 승리를 축하하기 위해 쓰어진 찬가의 결구이다.

젊음이 넘치는 시절에 뜻하지 않게
빛나는 상을 얻은 자는
희망에 가슴이 고동친다.
씩씩한 기상은 나래를 달고 하늘로 솟구친다.
부(富)보다 더한 희열에 가슴은 가득 찬다.
하지만 희열의 시절은 잠시뿐
어언간 그것은 땅에 떨어진다.

어떤 슬픈 운명이 그것을 넘어뜨린다.
하루살이와 같은 것, 이것이 인생,
꿈속의 그림자와 같은 것.
하지만 신이 주신 영광이 그에게 내릴 때
찬란한 광채로 몸은 눈부시며
인생은 얼마나 감미로운 것인가!
여신 아이기나여, 제우스의 힘을 통해,
그리고 영웅 아이아코스, 펠레우스,
용감한 텔레몬과 아킬레우스의 힘을 빌어
자유의 길로 이 도시를 인도하소서.[27]

올리브유와 올리브관

　그리스에서 올리브는 매우 신성한 식물로, 운동 경기와 특이한 관련을 맺고 있다. 운동선수들은 경기나 운동 전에 올리브유를 몸에 발랐으며, 올림피아 제전경기의 우승자에게는 올리브나무 가지로 만든 엽관을 상으로 주었다.

　올리브나무의 신성성은 아테나와 포세이돈의 전설에서 확인할 수 있다. 아테나 여신과 바다의 신 포세이돈은 태고(太古) 때부터 아테네의 땅을 차지하기 위해 대립했다고 한다. 이때 평화적인 방법을 제의한 것이 신 중의 신 제우스였다. 제우스는 둘 중에서 아테네 주민에게 더 좋은 선물을 하는 신이 소유권을 가질 것을 제의했다.

　제의를 수락한 포세이돈은 자신의 무기인 삼지창으로 땅을

찔러 샘을 솟게 하였다. 아테나는 그 샘 옆에 나무 한 그루를 심었는데, 이것이 최초의 올리브나무였다. 물론 제우스와 주민들은 샘물보다 올리브가 더 유용하다고 판정했다. 승리한 아테나는 올리브나무를 선물로 주어 아티카를 얻었다. 이 신화를 보면 아테나 여신이 올리브 농사를 주관하는 다산과 풍요의 신이 된 이유를 쉽게 짐작할 수 있다.

그리스인에게 올리브는 생명수라고 할 수 있는 다목적 식물로 국화(國花)도 올리브꽃이다. 왕이 즉위하는 도유식(塗油式)에서도 올리브유를 사용했다. 이때 사용된 올리브유는 그해에 첫 수확한 올리브유인 버진 오일(virgin oil)이었다. 도유식은 올리브가 생산되는 지중해 일대의 많은 나라에서 공통된 옛 풍습으로 남아 있다.

운동선수의 올리브유 사용

그리스 운동 경기에서 선수들은 올리브유를 널리 사용했다. 레슬링, 복싱, 판크라티온 선수는 피부를 매끄럽게 하고 직사광선을 피하기 위해 경기 전에 올리브유를 발랐다고 한다. 그리고 그 위에 모래를 뿌렸는데, 이렇게 하면 기름 때문에 미끄러지거나 땀으로 범벅이 되는 것을 막을 수 있었다.

레슬링이나 복싱 같은 과격한 운동 외에 달리기 선수도 먼지로부터 몸을 보호하기 위해 올리브유를 발랐다. 이 같은 이유에서라면 당시 모든 종목의 선수들이 올리브유를 바르고 운

스트리길과 올리브유 병.

동했던 것으로 보인다. 운동을 마친 다음에는 스트리길(strigil)
이라는 도구를 사용해 몸에 묻은 기름과 땀, 흙먼지 등을 긁어
냈다.

운동선수들의 올리브유 사용은 김나시움의 탈의실 장면의
그림을 통해서 쉽게 확인할 수 있다. 올림피아의 김나시움에
는 탈의실, 올리브유 저장실, 먼지 터는 방, 목욕탕이 있었다.
도자기 그림을 보면 아포디테리온(apodyterion)이라고 불리는
탈의실에서 어떠한 일이 있었는지 쉽게 추측할 수 있다. 아포
디테리온은 일반적인 만남의 장소였으며 토론장이었다. 선수
들은 이곳에서 옷을 갈아입고 준비운동을 하거나 운동이 끝난
후 휴식을 취했다. 그들은 아포디테리온에서 몸에 소금이나
기름을 바르기도 했다.

아포디테리온 벽 주위에는 의자가 있고 벽에는 던지기용
원반, 멀리뛰기용 추, 레슬링 모자, 복싱용 쏭(thong : 주먹에
감는 가죽으로 일종의 글러브), 올리브유 병, 스펀지(해면), 스트

탈의실에서 올리브유를 바르는 장면.

리길(기름 긁개) 등 모든 종류의 운동기구가 걸려 있다. 이 밖에 길고 무딘 연습용 창 몇 개가 기둥에 비스듬히 세워져 있다. 청년 몇 명은 창을 들고 있다.

도자기 그림을 보면 한 선수가 몸에 올리브유를 바르기 위해 향유병에서 기름을 따르고 있는 것이 보인다. 한 선수는 자신의 망토를 벗어 오른쪽 작은 소년에게 건네주고 있다. 오른쪽 끝의 옷 도둑들도 보인다. 이때 많은 청년들은 옷을 의자나 벤치에 두었는데, 이 같은 옷 도둑을 막기 위해 김나시움에서 망토나 올리브유 병, 10드라크마 이상의 가치가 있는 물건을 훔친 사람에게 사형을 부과하는 엄격한 처벌을 내렸다고 한다.

한편 『대화록』 24권에서 솔론은 사람들이 가죽에 올리브유를 발라서 가죽의 신축성을 높이는 것과 같이 선수들도 올리브유를 발라서 사지의 유연성을 높이고자 한다고 기록하고 있다. 또한 솔론은, 노예들은 훈련에 참여할 수 없고 팔레스트라에서 자신의 몸에 기름을 바를 수 없다고 말하고 있다. 이는 경기가 그리스의 자유시민에게만 개방되었다는 당시 사회적 현상을 반영하는 것으로 보인다.

김나시아크와 올리브유

기원전 5세기에는 올리브 사용이 보편화되어 있었으며 올리브유는 개인이 휴대했기 때문에 모든 운동선수들은 휴대용 올리브유 병과 스트리길을 가지고 다녔다.

일부 경기에 대하여 언급하고 있는 스파르타의 비문과 문학작품에 나오는 '기름 바른 사람'이라는 표현은 바로 '신체운동을 하는 청년'을 의미하는 것이다. 소년 마사지사를 파이드트리베스(Paidotribes), 올리브유 치는 사람을 알레이프테스(Aleiptes)라고 불렀던 것으로 보아, 마사지에서 올리브유가 중요하게 사용되었다는 것을 알 수 있다.

스파르타에서는 축제 때 모든 선수들에게 올리브유를 무상으로 제공하였으며, 축제가 끝난 뒤에는 에페보이(epheboi : 엄격한 군사훈련과 운동으로 단련된 16~18세의 청년)의 훈련을 위해서 올리브유를 무상으로 제공했는데, 이를 관리하는 것이 김나시아크(Gymnasiarch : 김나시움의 관리책임자)였다. 김나시아크는 공공 서비스를 실행하는 자로 부유한 시민 계급 중에서 선택되었다. 이것은 기간제로 임명되는 무보수 명예직의 하나였다. 김나시아크는 경우에 따라서 조직적인 전시와 운동 경기, 김나시움의 발전, 특히 올리브유 제공과 온욕탕의 난방로를 데우는 연료를 공급하기 위해 자신의 돈을 써야 했다.

당시 김나시움에서 운동하는 모든 사람들이 올리브유를 사용했기 때문에 많은 양의 올리브유가 필요했다. 어떤 경기를 묘사하고 있는 스파르타의 비문에 의하면, 김나시아크는 매일 성인 참가자를 위해 5키아투스(cyathus), 청년들을 위해서 3키아투스, 소년들을 위해서 2키아투스의 기름을 준비해야 했다. 키아투스는 작은 액량(液量) 단위로 1파인트(pint : 약 0.57리터)의 12분의 1이었다.

132년경에 기록된 비문에는 테오프라스토스(Theophrastos)라는 김나시아크의 관대함이 적혀 있다. 테오프라토스는 통상 그랬던 것처럼 기름의 양을 잘 재어 배급한 것이 아니라, 참가자들이 원하는 만큼 몸에 바를 기름을 가져다 쓰도록 했다. 또한 때 미는 도구 아마포도 마음대로 사용하도록 했다. 그 이전에는 선수들이 아마포를 스스로 준비해야 했었다.

올리브유는 암포라나 탱크에 저장되어 있었다. 저장기구에 대한 그림은 프루사의 김나시아크였던 디오도로스의 비석에 잘 나타나 있다. 기름 탱크는 정교하게 만들어진 커다란 원형 용기이다. 용기의 측면에는 올리브유를 분배할 때 사용했던 것으로 보이는 세 개의 국자가 걸려 있다. 원형 용기 측면에는 두 그루의 종려나무가 있고 가운데는 세 개의 스트리길이 있다. 왼쪽에 새겨져 있는 비석에는 초상화의 머리 부분이 있는 세 개의 액자가 있고, 그 아래에는 용도가 확인되지 않은 도끼가 있다. 이와 같은 화려하고 큰 기름 탱크는 김나시움에서 많은 양의 기름을 소비했다는 것을 나타내고 있다. 실상 올리브유의 제공은 김나시아크나 국가에 모두 큰 부담이었기 때문에 일부의 도시국가를 제외하고는 모두 개인이 준비했던 것으로 보인다.

올리브관

올림픽 우승자에게 수여한 유일한 상은 야생 올리브 가지로 만든 관 코티노스(Cotinos)였다. 코티노스와 올림피아의 올리브 나무에 대한 기원은 헤라클레스 이야기에서 찾을 수 있다.

신화에 의하면 헤라클레스가 아르테미스에게 바칠 암사슴의 황금뿔을 구하기 위하여 히페르보레아의 땅에 갔다가 야생 올리브나무를 가지고 와

올리브관.

서 올림피아에 심었다고 한다. 엘리스를 점령한 뒤, 헤라클레

스는 승리를 자축하기 위하여 올림픽 경기를 창설하고 형제들과 경기를 해서 이긴 사람의 머리 위에 야생 올리브나무 가지로 만든 관을 씌워주었다.

전설에 따르면, 최초로 델포이의 신탁을 듣고 야생 올리브로 우승자에게 상으로 줄 관을 만든 사람은 이피토스였다. 7회 이전 올림피아 스타디온 경주의 우승자는 빨간 사과를 상으로 받았다. 그러나 7회 올림피아를 준비하는 이피토스 왕은 빨간 사과가 헤라클레스의 전설과 관련이 없다는 것을 알고 델포이의 여사제에게 조언을 구하러 갔다. 여사제는 거미줄에 싸여 있는 번식력이 강한 야생 올리브나무를 찾아야 한다고 충고했다.

이피토스 왕이 알티스에 올리브나무를 찾으려고 왔을 때는 아침 해가 비치고 있었다. 올림피아에 도착한 왕은 알티스의 푸른 숲 한가운데에서 이슬을 머금은 채 빛이 나는 거미줄로 뒤덮인 야생 올리브나무를 발견하였다. 왕은 이 나무 주변에 울타리를 세우고 그곳을 성지로 만들었다. 이러한 전설 때문에 야생 올리브나무는 올림피아에서 신성시되었다. 그리고 7회 올림피아 제전부터는 경기 우승자에게 야생 올리브나뭇잎으로 만든 관이 수여되었다.

올림피아의 제우스 신전 양쪽에는 아름다운 올리브나무가 서 있는데, 이 나무들은 '오피스토모스'와 '칼리스케파노스'라는 이름으로 불린다. 이 나무의 가지로 만들어진 영관(榮冠)에는 최고의 영예가 담겼다. 올림픽 우승자에게 수여하는 화관은 부모가 살아 있는 청년이 황금 낫으로 자른 올리브나무의 가지로 만들었다. 헤라 신전의 황금과 상아로 된 탁자에 이 관을 올려놓으면 심판이 그것을 경기에서 승리한 우승자에게 씌워주었다.

도시의 명예와 올림피아 신들의 영광을 위해서 참가했던 올림피아 제전의 우승자는 야생 올리브관과 붉은 양털 머리띠를 받았다. 올리브관과 머리띠는 승리에 대한 유일한 표시였다. 경주가 무승부로 끝나면 올리브관은 신에게 바쳐진다는 규칙이 있었는데, 우승한 선수는 신들에게 돌아갈 올리브관을 받음으로써 신들의 일행에 참여하게 된 것이라 믿었다.

운동선수는 스스로 올리브관을 쓰고 제우스의 소유물인 제물의 상징성을 표현하였다. 신의 제물이 되기 위해서는 동일 종류 가운데서 가장 우수하다는 인정을 받아야 했다. 관(冠)과 함께 등장하는 양털 띠는 종

종려나무 가지를 손에 잡고 양털 띠를 두른 선수.

교적인 관습에서 매우 일반적으로 발견된다. 양털 띠는 보통 신성한 대상을 장식하는 데 사용했는데, 운동 경기의 우승자에게 양털 띠를 두르는 것 역시 같은 맥락이었다.

올림피아 제전경기에서 수여된 상이 주는 교훈은 헤아릴 수 없이 많다. 선수들은 어떤 재화보다 더 값지고 또 검소한 올리브관을 획득하기 위해서 고결하고, 공정하고, 품위 있게 경기를 치렀다. 올리브관의 영예는 개인을 위한 것이기보다는 그들의 가족, 씨족, 도시, 조상, 신들을 위한 선물로 바쳐졌기 때문에 더욱 큰 의미가 있었다.

여기서 잠시 그리스인들에게 관이 어떤 의미를 가졌는지를 살펴보자. 그리스에서는 결혼식의 신부, 회식(만찬)자들이 나뭇잎이나 꽃잎으로 만든 관을 쓰는 관습이 있었다. 종교의식을 포함한 거의 모든 의식을 행할 때도 머리에 관을 썼다. 도시의 수호신에게 제물을 바치거나 직무를 수행할 때도 나뭇잎으로 만든 관을 쓰는 관습이 있었다. 그들은 관이 신에게 보내는 기도가 전달되는 좋은 징조라고 여겼고, 꽃잎으로 많이 꾸밀수록 신을 더 기쁘게 한다고 생각했다. 당시 관은 종교적인 상징이었으며, 기도와 희생제를 동반하는 외적인 표시였다. 그러나 후일에는 이것이 권력의 상징이 되었다.

한편 알렉산드로스 대왕[28] 시대 이후 선수들은 승리한 뒤에 즉시 종려나무 가지를 받았으며, 5일째 공식적인 대관(戴冠)의식에 갈 때까지 머리에 이것을 두르고 다녔다. 종려나무 가지는 우승자로 확인되면 현장에서 즉시 주어진 것 같다. 로마의 작가 겔리우스(Gellius)는 왜 우승자에게 종려나무의 가지를 수여하게 되었는지에 대하여 다음과 같이 설명하고 있다.

종려의 잘라낸 가지에 무게를 가하여 점점 더 무겁게 내리누르면 그 무게를 감당하지 못하게 된다. 그러나 생가지는 밑으로 처지지 않고 그 힘에 저항하여 오히려 위로 튀어올라온다. 플루타르크의 말에 따르면 이 나무는 압박과 중압에 대하여 굴복하지 않는 성질을 가졌으므로 승리의 상징으로 수여하였다.[29]

이와 같이 종려나무 가지는 탄력이 있어서 휘어지거나 압력에 굴하지 않기 때문에 승리의 상징으로 간주되었다.

나체 경기 관습

운동선수의 허리옷(loincloth)

초기 그리스의 운동선수들은 조마 또는 페리조마[30]라고 불리는 허리옷을 입고 운동을 하였다. 허리옷은 허리와 대퇴부를 감싸면서 매듭을 이루는 띠 모양의 의상이다. 이러한 조마는 현대의 운동선수들이 입고 있는 팬츠와는 다른 것으로, 요즈음의 일본 스모 선수들이 입고 있는 허리옷과 흡사한 형태였다.

기원전 1600년경의 하기아 트리아다의 권투 선수 도자기 그림[31]과 동시대의 크노소스 도자기 그림 그리고 테라의 프레스코 벽화에서 권투 선수들이 착용하고 있는 조마의 모습을 볼 수 있다. 크노소스의 프레스코 벽화에는 남자 한 명과 여자 두 명이 황소에 올라타는 모습이 있는데, 세 사람 모두 운동용 페리조마를 착용하고 있다. 이 그림에서 여자는 흰색 피부, 남자는 검게 탄 피부로 구분되어 있다.

호메로스(Homeros)의 『일리아스』 제23장에는 고대 그리스 초기의 여러 가지 스포츠 장면들이 묘사되어 있다. 그 중에 권투 경기와 레슬링 경기를 묘사한 장면을 근거로 선수의 복장 상태를 추적해볼 수 있다.

파트로클로스를 추모하는 장례경기의 일부로 벌어진 권투 경기에서 에페이오스와 에우리알로스(Euryalus)가 권투 경기를 한다. 이때 에우리알로스의 친구 티데우스(Tydeus)의 아들은 경기가 시작되기 전에 그의 허리에 옷을 둘러주고, 두 선수가 허리옷을 두르고 경기장의 중앙으로 들어갔다[32]라고 묘사되

페리조마를 착용한 레슬링 선수.

어 있다. 레슬링 경기에서 오디세우스와 아이아스도 허리옷을 걸치고 레슬링 경기를 벌였다[33]고 한다. 한편 『오디세이아』 8권 손님 환대 경기에도 이러한 장면이 드러난다. 오디세우스는 국부에만 천 조각을 둘러차고 그 멋지고 튼튼한 넓적다리를 드러내고 있었다[34]고 묘사되어 있다.

아카이아의 전사들도 허리옷을 둘렀고 경기에 열중하다가 그것이 흘러내려 국부가 드러나면 수치스럽게 여겼다.[35] 가장 큰 치욕은 패배하여 죽은 후에 적에 의해 사슬 갑옷이 벗겨지고 알몸인 채로 쓰레기 속에 버려지거나,[36] 심지어는 개들에게 던져져 생식기를 뜯어먹히는 경우였다.[37]

그러므로 남성이 나체로 경기에 참가하는 관습은 그리스 문화의 본연적 현상은 아니었던 것 같다. 왜냐하면 기원전 7세기까지 도자기 그림에는 옷을 입은 경기자들이 그려져 있고 호메로스의 서사시에도 허리옷을 걸치고 경기를 하는 모습이 묘사되어 있기 때문이다. 이 스포츠 의복, 즉 짧은 팬츠와 트렁크 또는 페리조마는 훗날 고대 그리스 시대의 여자 운동선수와 그리스 인근의 야만족 그리고 에트루리아인과 로마인들도 착용하였다.

나체 경기의 기원과 도입

호메로스 시대와 그 다음 시대의 나체 경기 관습에 대해서는 각 시대마다 나름대로 그 해석이 분분하다. 전설에 의하면, 올림피아에서 조마조차 입지 않고 나체로 경기를 벌인 최초의 선수는 오르시포스(Orsipus)라고 한다. 그러나 이것은 지중해 세계에서 일어난 나체 경기에 관한 최초의 기록이 아니다. 이보다 훨씬 이전의 미술작품에 이집트의 레슬링 선수가 나체로 경기하고 있는 장면이 묘사되어 있는 것을 볼 수 있다.[38]

기원전 1세기의 그리스 작가 디오니시오스(Dionysius)에 따르면, 기원전 720년 제15회 올림픽에서 스파르타 출신 선수 아칸토스(Acanthus)가 돌리코스(장거리 달리기)에서 허리옷을 벗어버리고 나체로 달려서 우승했는데, 그 이후 이것이 새로운 관습이 되었다고 한다.

디오니시오스는 로마의 종교적 행렬을 묘사하면서 나체선수에 대해 다음과 같이 언급하고 있다.

경량과 중량 두 종목에서 마차들이 선수들 쪽에 도착하면 그들은 국부를 제외하고 모두 '벌거벗는다(gymnoi).' 이 관습은 그리스 사람들이 처음 시작한 것인데, 로마에서는 지금도 이러한 것을 볼 수 있다. 그러나 그리스에서는 이 관습을 그만두었으며 스파르타 사람들도 이 관습을 그만두었다. 올림픽에서 최초로 옷을 벗고 나체로 달린 사람은 제15회 올림픽에 참가한 스파르타인 아칸토스였다. 그전까지 모든 그리스 사람들은 옷을 벗고 경기장에 나타나는 것을 부끄러운 것으로 간주하였다. 가장 오래된 권위를 가진

호메로스도 자신의 영웅들에게 허리옷을 입혀 등장시키고 있다.[39]

여기에서 디오니시오스가, 국부는 가려져 있고 그 외의 몸은 벌거벗었다고 말하고 있음에 주목할 필요가 있다. 이는 초기에는 국부를 가렸으나, 아칸토스 이후에 나체로 경기했다는 것을 의미한다.

디오니시오스의 기록에 이어 약 200년 후의 파우사니아스는, 나체 경기 관습이 기원전 720년 제15회 올림피아 제전경기의 스타디온 경주[40]에서 우승한 메가리아 출신 단거리 선수 오르시포스로부터 비롯되었다고 기록하고 있다.

근처에는 오르시포스가 매장되어 있다. 운동선수들이 허리옷을 입고 경기를 벌이던 시대에 오르시포스는 올림피아의 달리기 경기에서 나체로 달려 우승하였다. 그는 나중에 장군이 되어서 인근 주민으로부터 영토를 탈취하였다. 나는 오르시포스가 허리옷을 내던진 것은 그가 나체로 달리는 것이 허리옷을 입고 달리는 것보다 수월하다는 것을 알았기 때문이라고 생각한다.[41]

스타디온 경주에서 오르시포스는 홀로 나체였으며, 허리옷을 입고 달리는 것보다 나체로 달리는 것이 더 빠르다는 것을 알았기 때문에 고의적으로 기존의 관습을 깨뜨렸다는 것이다.

파우사니아스는 이 글에서 허리옷을 내던지고 경기했다는 사실을 언급하고 있으므로, 나체와 조마를 분명하게 구분하고 있는 것으로 보인다.

나체 경기와 관련된 설이 또 하나 있다. 7세기경에 씌어진 이시도르(Isidore : 560?~636. 스페인 세비야의 대주교)의 기록에 의하면, 아테네에서 열린 한 달리기 경주에서 선수 중 한 사람이 자신의 허리옷이 흘러내리는 바람에 불행하게도 경주 도중에 넘어지고 말았다. 이 경기를 관장하던 아테네의 집정관 히포메네스는 이러한 불행이 재발하는 것을 방지하기 위하여 당시 이후 모든 선수들에게 나체로 경주하는 것을 허용한다는 규정을 내렸다고 한다.

12세기경 에우스타티우스에서 발견된 또 다른 오르시포스 이야기에 따르면, 오르시포스가 조마에 걸려 넘어지는 바람에 그때부터 선수들이 나체로 달려야 한다는 규정이 만들어졌다고 한다. 이러한 내용은 후대의 이시도르가 라틴어로 기록한 문헌에서도 등장한다.

운동 경기는 속도와 힘을 찬미하는 축제이다. 운동선수들이 달리기로 속도를 시험한 곳을 김나시움이라고 불렀다. 이 말이 확대되어 거의 모든 연구의 실습을 김나시움이라고 부르게 되었다. 일찍이 선수들이 벌거벗으면 안 되는 때에 어떤 달리기 선수가 달리는 도중 흘러내린 허리옷에 걸려 갑작스럽게 넘어지면서 죽게 되었다. 그 일로 인해 집정관

히포메네스가 그때부터 선수들에게 나체로 운동하는 것을
허용하였던 것이다.[42]

이 내용은 아테네에서 발생한 치명적인 사고의 결과로 인
해 허리옷이 금지되었음을 전해주고 있다.

이상의 여러 주장 중에서 어느 것이 진실인지를 밝혀내는
것은 매우 어려운 작업이다. 디오니소스와 파우사니아스의
주장으로 보면 나체 경기 관습의 시초는 제15회 올림피아드
이다. 오르시포스가 스타디온 경기에서 처음으로 나체로 경
기를 하였으며, 그 후 아칸토스가 나체 경기의 법제화가 이
루어진 뒤에 돌리코스에서 나체 경기를 벌였다고 추정하면,
오르시포스와 아칸토스의 두 가지 이야기는 어느 정도 절충
될 수 있다.

아테네에서도 운동선수들이 오르시포스와 투키디데스
(Thoucydides : BC 460~BC 400?. 고대 그리스의 역사가. 저서는
펠로폰네소스전쟁을 주제로 한 『역사』 8권) 사이의 일정 시기
(기원전 6~5세기)에 허리옷을 착용하였을 가능성이 있다. 이것
은 아티카의 도자기 그림 작가들 중 페리조마 그룹[43]을 보면
알 수 있다. 도자기의 양식은 대략 기원전 520년경에 도입된
것으로 보인다. 이들 흑색 도자기 작가들은 흰색의 큰 허리옷
을 착용하고 있는 오종경기, 권투, 레슬링, 달리기 선수들을
그렸다.

기원전 6세기 말의 검정색 아테네 도자기들에 나타나는, 생

페리조마를 착용한 운동선수의 모습.

식기를 가리고 있는 일련의 선수들은 그리스 나체의 논의에 빈번하게 등장하고 있다. 이 도자기들은 거기에 그려진 선수들과 무용수들이 흰색 허리옷을 착용하고 있다고 하여 '페리조마 군상'으로 불린다.[44]

그 중에서 옥스포드의 한 도자기(Oxford, Ashmolean Museum inv 1965. 97)에는 달리기 선수와 권투 선수가 자신의 허리와 엉덩이 부근에 독특한 페리조마를 걸치고 있는 모습이 그려져 있다.

그러나 조마를 보여주는 도자기 외에도 동시대의 니코스테네스(Nicosthenes : 조각가)에 의해 제작된, 완전한 나체 운동선수를 보여주는 작품들도 많다.[45] 이러한 사실들로 미루어보아 오르시포스에서 투키디데스 시기에 운동선수는 나체와 허리옷 착용을 병행했던 것으로 추측된다.

기원전 700년 이전의 호메로스 시대에는 선수들이 허리옷을 입고 운동하는 것이 관습인 것으로 보이지만, 기원전 500년 이후에는 나체로 경기하는 것이 관습화되었다. 그리스인들은 스스로 이러한 관습의 변화를 잘 알고 있었던 것으로 보이는데 투키디데스는 나체 운동 관습에 대하여 다음과 같이 피력하였다.

최초로 나체 경기를 한 사람은 스파르타인이었다. 그들은 사람들이 보는 앞에서 옷을 벗고 운동을 마친 후에 몸에 묻어 있는 올리브유를 닦아냈다. 고대에는 올림피아 제전경기에서도 선수들은 국부를 가리는 옷을 입었으며 불과 몇 년 전까지도 이러한 관습이 남아 있었다.[46]

디오니시오스의 주장과 투키디데스의 진술에 따르면 나체 경기는 스파르타인들로부터 시작되었으며 올림피아에서 처음 나체 경기가 열렸던 것으로 추정된다. 올림피아에 대한 투키디데스의 강한 어조로 보아 그리스의 각종 대회 중에서도 올림피아에서 가장 오랫동안 나체가 지속되었으며, 따라서 당시의 그리스 전역에는 나체 경기가 보편화되어 있지 않았음을 짐작할 수 있다. 투키디데스는 올림피아 제전경기에서 조마를 입는 관습이 '몇 년 전까지' 중단되지 않았다고 주장하고 있다. '몇 년 전까지'라는 구절이 구체적으로 정확히 어느 정도의 기간을 의미하는지 알아내는 것은 어렵다. 그러나 아테네인들의 머리 모양과 의상의 변화, 투키디데스의 언급 등을 종합해보면 변화의 시기는 기원전 480~470년으로 추정된다. 이와 비슷한 시기인 기원전 4세기에 플라톤은 자신이 주장하는 이상국가의 여성들도 나체로 운동해야 한다고 주장하였다.

투키디데스, 플라톤, 헤로도토스[47]의 증언에서도 확인할 수 있는 것처럼, 이방인들이 나체에 대해 수치감을 느끼는 것을 그리스인들이 경멸하고 있는 것과 맞아떨어지고 있는 것으로 보아 페르시아 전쟁[48] 이후에 완전한 나체 운동선수가 등장한 것으로 보인다. 즉, 페르시아 전쟁으로 그리스인과 야만인들의 관점이 분열되면서, 그리스에 운동선수의 나체 관습이 본격화된 것이다.

한편, 트레이너 역시 경기장에 나체로 입장해야 했다. 파우사니아스는 이를 역사적 사건의 결과로 돌리고 있다. 경기에 출전한 아들의 트레이너로 변장한 어머니가 아들의 승리에 흥분하여 펜스를 뛰어넘다가 여자임이 밝혀진 사건이 있었다. 이 사건으로 그녀가 처벌을 받지는 않았지만 이때부터 트레이너들도 나체로 입장하도록 하는 법이 입법되었다. 그러나 피티아와 이스트미아 제전 경기의 트레이너들은 망토를 걸치고 경기장에 입장하였다.

나체를 자랑스럽게 생각한 그리스인

　기원전 8세기 쿠로이(남성 조각상)는 아폴론 신을 나타내고 있다. 기원전 7세기가 되면 쿠로이는 실물 크기의 영웅적이고 신성한, 기도하는 소년상으로 나타난다. 이러한 쿠로이는 무덤의 표지석, 신전에 바치는 제물, 경기의 승리를 기념해서 바친 것이기도 하다. 쿠로이는 다분히 종교적인 것으로 신이나 죽은 자에 대한 선물이었다. 쿠로이와 코라이(여성 조각상)는 상고 시대(기원전 480~330년) 귀족체제의 상징이자 구현이었으며, 아름다움과 고귀함의 전형적인 이상이었다. 운동선수의 나체는 그 이상에 완전히 부합되는 것이었다.

　기원전 6세기와 5세기 그리스의 예술에는 두 가지 흐름이 존재하였다. 하나는 직립한 남근(사티로스나 헤르메스 상)을 통해 귀신을 쫓는 주술적인 흐름이다. 남근 숭배는 고갈되지 않는 자연의 생산성에 대한 소박한 숭배심과 자연적으로 민감한 인류의 번식력에 대한 감사의 표현이다. 이리하여 남근은 종교적 상징물이 되었다.

　다른 하나는 운동하는 남성이다. 김나시온(Gymnasion)이라는 말('벌거벗은'을 뜻하는 'gymnos'가 어원이다)에서 보이듯이, 육체적 운동을 할 때에는 모든 의복을 벗어던졌다. 김나시움을 주제로 삼은 많은 미술품들의 대표작들, 특히 도자기 그림들은 그들이 완전한 나체였다는 것을 증명하고 있다. 운동선수의 나체는 용맹성과 신체적 아름다움을 표현함으로써 종교적 나체와 구별된다.

기하학 시대(BC 1000~600)의 나체는 영웅적이고 신성하며 운동하는 남성에게 제한적으로 적용되었다. 나체의 향연에는 귀부인이나 선수의 아내는 참석하지 않았다. 고대 아테네 에페보이의 나체 성인식과 시민과 군인의 나체 행사에도 여성은 참여하지 않았다. 특히 나체는 운동하는 상류층 남성과 운동하지 않는 여성을 구분하는 기호가 되었다.

헤로도토스와 투키디데스는 운동하는 남자의 나체를 의복 이상의 관습, 다시 말해 그리스인과 이민족의 경계라고 보았다. 기게스 왕의 이야기에서 헤로도토스는 모든 야만족, 특히 리디아인들에서도 나체는 가장 큰 수치라고 진술하고 있다. 투키디데스 역시 그리스인과 야만인 간의 근본적인 대비를 강조하고 있다. 전에는 올림픽 대회에서조차도 선수들은 디아조마나 페리조마를 걸쳐야 했다. 그리스인들도 한때는 야만인처럼 살았다고 하는 것으로 보아 새로운 나체 관습이 자신들의 초기 전통을 깨뜨린 것으로 믿고 있었음을 보여주고 있다.

무엇이 이러한 변화를 불렀는가? 투키디데스에 의하면, 김나시움이나 팔레스트라의 일상생활에 나체 경기가 도입된 것은 더 자유롭고 더 꾸밈없이 더 민주적인 생활을 추구하는 '현대화'의 일환이었다. 나체는 군복무에 대비하여 저마다 자신의 몸을 단련하는 시민의 옷이었다. 그리스 군인은 군살 없이 근육으로 단련된 최고의 신체적 아름다움을 유지하고 있었다. 그러므로 시민의 나체는 지위와 부를 나타내는 화려한 의상으로 서 그리스인들과 야만인들을 구분하는 신호가 되었다. 그리스 인들은 나체로 운동해서 획득한 군인다운 체격과 황갈색 피부를 자랑스럽게 생각하였다. 스파르타 아게실라오스(Agesilaos) 왕의 이야기는 군사적 안목에서 나체가 남자의 건강을 판단하는 데 어떻게 작용하는지를 잘 묘사하고 있다.

> 포로로 잡힌 야만인을 팔려고 벗겨놓았는데……그가 명령하였다. 그의 군인들은 포로들의 피부색이 하얀 것을 보고 이들은 나체로 훈련하기는커녕 늘 마차를 타고 다녀 살이 찌고 동작이 느리며, 이들이 벌인 전투도 여자를 상대한 것이 뻔하다고 생각하였다.[49]

자신의 구릿빛 몸과 페르시아인의 하얗고 연약한 몸을 대비함으로써 그리스 군인의 용기를 다시 확인시킨 것이다. 즉, 강인하게 단련된 나체를 드러낸 자신들을 자랑스럽게 여기고 있다.

현대의 학자들은 이런 여러 설명들을 사례별로 받아들이고 있다. 고대 학자들의 설명과 대조적으로 현대의 학자들은 나체 현상의 미학적 측면을 강조하고 있다. 이는 예술작품에서 나체가 매우 익숙한데다 그리스 이상형의 표현으로 오랫동안 간주되어왔기 때문에 자연스러운 일이다. 폴리클레이토스[50] 시대 이래 이상적으로 아름다운 청년 남성의 나체상은 여러 세대 동안 그리스 예술가들이 선호하는 테마였다. 이는 그리스의 운동선수들이 경기를 통하여 신체를 조화롭게 단련했기 때문에 가능했던 것이다. 신체미의 최고 이상에 도달한 그리스인들이 나체를 자랑스럽게 생각한 것은 어쩌면 당연한 결과일 것이다.

운동 경기의 변화와 운동 정신

종교의식에서 제전경기로

고대 그리스에서 가장 유명했던 4대 범그리스 제전경기는 올림피아, 피티아, 이스트미아, 네메아 대회이다. 이러한 제전경기는 각 도시의 신이나 영웅을 기리는 종교의식의 일부로 개최되었으며 도시국가에서 신성하게 여겨지는 식물로 엽관을 만들어서 우승자에게 씌워주었던 점이 특징이다.

올림피아 제전경기는 기원전 776년부터 4년마다 7월 하순이나 8월에 제우스를 기념하여 대회를 열었다.[51] 우승자에게는 올리브관을 수여하였다. 올림피아 제전경기에서 종교적 성격이 드러나는 부분은 휴전, 제우스에게 맹세하는 선수나 심판의 선서, 제단이나 신전, 보물창고에 가장 귀한 물건이나 신성한 동물을 바치는 제물 봉헌, 올림피아 제전경기의 성스러운 의식 등이다.

피티아 제전경기는 그리스 중부에 위치해 있는 델포이 신전에서 아폴론 신을 기념하여 4년마다 여름에 열렸으며, 기원전 586년 또는 582년에 시작되었다.[52] 신탁의 국가로 가장 오랫동안 명성을 얻고 있었던 델포이의 피티아 제전은 아폴론 신의 제식과 관련이 있다. 원래 음악을 관장하던 아폴론의 영향으로 8년마다 음악 경연을 개최하였는데, 기원전 582년에 마술 경기가 추가되면서 4년마다 축제를 하는 것으로 개편하였다. 운동 경기의 프로그램은 올림피아와 비슷하게 구성하였다. 신화에 의하면 아폴론이 거대한 뱀, 피톤을 물리치고 경기를 창설하였다. 경기에서 승리한 우승자에게는 월계관을 수여하였다.

이스트미아 제전경기는 코린토스의 이스트미아에 있는 포세이돈 신전에서 2년마다 봄 또는 이른 여름에 열렸으며, 기원전 582년에 시작되었다.[53] 이스트미아 제전경기는 바다의 신 포세이돈을 기리기 위해서 창설되었다. 우승자에게 주어진 상은 최초 몇 년간 무화과 화관이었으나, 후기에는 포세이돈을 상징하는 소나무로 만든 관이 주어졌다.

네메아 제전경기는 펠로폰네소스 북동쪽 지방에서 제우스를 기념하여 2년마다 9월에 열렸다. 이 경기는 리쿠르고스 왕의 아들인 오펠테스를 기념하기 위하여 아스트라토스가 창시하였다고 전해진다. 처음에는 네메아에서 열렸으나 대부분은 아르고스에서 열렸으며, 기원전 573년에 시작되었다.[54) 네메아 제전경기는 원래 식물 성장의 순환, 즉 겨울이나 여름의 가뭄으로 죽은 자연의 신을 기리기 위해서 애도하는 의식이었다. 네메아 제전경기는 올림피아 제전경기의 4년 중 두 번째 여름에 개최되었으며 운동 경기, 마술 경기, 음악 경연으로 구성되어 있다. 각 종목의 우승자는 원래 올리브관을 받았으나 나중에는 샐러리 잎으로 된 관을 수여하였다.

올림피아를 비롯한 범그리스 제전경기는 스포츠와 종교가 결합되어 그리스를 하나의 국가로 통일시키는 데 지대한 공헌을 했으며, 모든 도시국가와 식민지의 유대를 강화시키는 데 커다란 역할을 했다.

그러나 제전경기는 시간이 지남에 따라 신성한 고유의 영역에서 분리되어 자발적인 운동 경기가 되었다. 종교와 운동 경기의 결합에 대한 점진적인 단절은 올림피아 스타디움의 역사에서 증명되고 있다. 초기의 올림픽 스타디움은 성지로 형성되었다. 우승한 선수는 스스로 제물이 되려는 의지를 가지고 있었기 때문에 신의 제물이 되기 위하여 제단 쪽으로 달렸다. 그래서 경주의 출발점인 서쪽에서 제우스의 제단까지의 통로를 개방시켰고, 다른 삼면은 관중에게 자리를 제공하기 위하여 경사지게 만들었다. 그러나 후기로 오면서 스타디움과 성역은 주랑과 스타디움 서쪽의 네 번째 비탈을 축조하면서 벽으로 막아서 분리하였다.[55) 이는 원래 경기가 가지고 있었던 종교성보다 경기 자체를 더 중요하게 여기게 되었다는 것을 의미한다.

따라서 올림피아는 운동 경기를 위한 장소일 뿐만 아니라 전 그리스인들에게 만남의 장소가 되었다. 올림피아에서 도시 국가 사이의 협의와 조약을 위한 회의가 열렸기 때문에, 정치적 중요성도 내포되어 있었다. 그리스 전역에 있는 모든 계층의 남성들을 위한 이 특별한 회합은 예술가, 작가, 철학자들이 자신을 알리는 유일한 기회가 되었으며 장사꾼들에게도 물건을 전시하거나 팔 수 있는 기회가 되었다. 시인이나 철학자들은 굳이 다른 도시를 순회하지 않고도 그리스 세계에 자신을 알릴 수 있었다. 헤로도토스는 올림피아 축제 때 군중이 모인 제우스 신전의 뒤쪽에서 자신의 역사를 큰소리로 강연했는데, 그 군중 사이에 젊은 투키디데스도 있었다. 히피아스(Hippias), 프로디쿠스(Prodicus), 그리고 다른 철학자들이 그의 전례를 따랐다.

기원전 6세기의 운동 경기는 일부 자유시민에게 국한된 것이기는 했지만, 점차 조직화되면서 성장하게 되었다. 팔레스트라에서는 레슬링과 달리기를 주로 훈련했으며, '파이토트리베스'라는 특별한 교사가 운영했다. 김나시움은 공교육 기관으로서, 운동에 적합한 교육을 책임지고 있는 김나시아크가 관리하였으며, 훌륭한 관리자에게는 포상하였다. 신체 훈련은 전쟁에서도 중요한 역할을 했기 때문에 김나시움과 팔레스트라에서 운동 경기로 신체를 단련하는 것이 일반적인 시민들의 모습이 되었다.

운동 경기의 인기는 페르시아 전쟁 때에 절정에 달했다. 페르시아 전쟁의 승리는 운동 경기를 통한 훈련 덕분에 가능한 것이었다. 헤로도토스는 당시 운동 경기가 얼마나 인기 있었는지를 알려주고 있다.

페르시아의 군대가 그리스를 침략해 왔을 때의 일이었다. 테르모필레의 싸움을 앞두고 아카이아의 병사가 페르시아 군대에 투항하였다. 페르시아의 왕은 이 포로에게 요즘 그리스인은 무엇을 하고 있느냐고 물었다. 그러자 그들은 올림픽 경기를 즐기고 있을 것이며, 경마나 운동 경기에 열중하고 있을 것이라고 대답하였다.[56] 또한 아리스티데스(Aristides : BC 525~BC 467. 아테네의 정치가이며 군인)는 플라타이아(Plataea) 전투의 승리를 기념하기 위하여 엘리우테리아(Elutheria)라고 불리는 '자유의 제전'을 창설하였다. 이를 통해 그리스를 위해 싸우다 쓰러진 모든 전사자에게 해마다 제사를 올리고 운동 경기를 하였다.

따라서 제전경기의 융성기는 제78회부터 95회 올림피아 제전경기(BC 468~400)까지였으며, 이 시기는 곧 페르시아 전쟁 후 민족부흥의 시대였다. 당시의 웅장한 올림피아 경기는 모든 그리스인들에게 이곳이 축복받은 땅이라는 생각을 안겨다 주었다. 그리스의 자유시민은 누구나 운동 경기에 참여할 수 있었고, 운동 경기는 이상적인 신체 단련의 수단이 되었다. 신체 훈련은 체력을 배양하고 신체의 모든 부위를 고루 발달시켜 아름답게 균형 잡힌 몸을 가꾸게 해주었다.

힘의 표현에서 운동미의 조화로

기원전 6세기의 전형적인 운동선수는 복싱 선수나 레슬링 선수처럼 강한 남성이었다. 운동 경기 중 가장 인기 있었던 복싱과 레슬링은 전쟁을 위한 실질적인 훈련이었으며 진정한 아마추어 정신의 실천이었다. 크레타의 밀로(Milo)나 카리스토스(Karystos)의 글라우코스(Glaucus)처럼 이름이 잘 알려져 있는 위대한 복싱 선수와 레슬링 선수들은 모두 6세기 말이나 5세기 초의 사람들이다. 이들에 대해서는 다음과 같은 일화가 전해온다.

글라우코스가 어느 날 아버지와 함께 밭에서 농사일을 하고 있었는데 쟁기의 날이 빠져나갔다. 이것을 고치는 연장이 없었으므로 글라우코스는 맨주먹으로 쟁기를 내리쳐서 고쳤는데, 이것을 보고 있던 아버지 데밀로스(Demylus)는 글라우코스를 올림피아(BC 520. 제65회 올림피아드)에 데리고 가서 복싱 경기에 출전시켰다. 글라우코스는 복싱 기술을 배우지 않았지만 상대를 모두 물리치고 우승하였으며, 그 후 수많은 대회에서 승리하여 전설적인 복싱 선수로 기록되었다.

한편, 밀로는 올림피아의 소년 레슬링 경기에 우승하였고, 성인이 되어서는 올림피아 제전경기에서 5회나 우승하였다. 밀로의 괴력에 관한 가장 유명한 일화는 그가 올림피아 제전경기에서 우승한 뒤 황소를 등에 업고 1스타디온을 달린 것이다. 이를 본 관중은 놀라서 일제히 박수를 쳤다고 한다. 퀸틸리안(Quintilian)에 의하면, 밀로는 힘을 키우기 위하여 어린 황소 새끼가 완전히 자랄 때까지 매일 들어올림으로써, 가장 과학적인 원리로 연습을 하였다.

예술작품에 나타난 운동 경기 장면을 보면 당시 운동선수의 신체적 역동성과 힘의 요소가 잘 드러나 있다. 레슬러들은 튼튼한 남자들이었고 곰처럼 맞붙어 싸우는 호메로스적인 영웅들이었다. 경주자들은 우람한 어깨, 말벌같이 가는 허리와 굵은 넓적다리를 갖고 있었다. 쿠로이에 묘사되어 있는 초기의 나체상에도 이러한 힘의 요소를 발견할 수 있다. 조각상에는 신체의 근육을 표현하려고 시도한 흔적이 뚜렷하게 드러난다. 6세기의 전형적인 인물 형상은 인내력과 힘의 화신으로 표현되어 있었다.

그러나 5세기 초의 적색 도자기 그림에는 강하지만 아름답게 발달된 우아한 청년 선수의 모습을 발견할 수 있다. 이러한 도자기 그림의 장면은 스타디움에서 경기 모습이 아니라 김나시움이나 팔레스트라에서 훈련하는 것이었다. 매우 다양한 종목의 스포츠가 묘사되어 있는데, 이는 그리스에서 가장 인기 있었던 오종경기를 통하여 신체를 단련했기 때문에 운동미를 조화롭게 발전시킬 수 있었음을 보여준다. 즉, 기원전 6세기의 운동 경기에서는 힘이 요지였다면, 기원전 5세기에는 완전히 성숙한 청년과 청소년에 속하는 연령대의 힘과 미의 결합이

힘과 미가 결합된 우아한 운동선수의 모습(적색 도자기).

이루어지고 있는 것이다.

　기원전 5세기에 모든 연령대의 남성들은 스포츠에 참여해서 체력을 기르고 신체의 모든 부위를 고루 발달시켜 균형 잡힌 아름다운 몸을 가꿀 수 있었다. 또한 그리스인들은 나체로 경기를 하였기 때문에 운동미와 그리스 예술의 발달에도 매우 중요한 역할을 하였다. 그리스의 운동 경기에는 현대인에게 결여되어 있는 두 가지 강력한 감정, 즉 종교적인 헌신과 사랑이 지배하고 있었다. 이 종교적인 헌신과 사랑은 완성된 육체미는 물론, 그 후 인류가 두 번 다시 체험할 수 없었던 엄숙함과 환희를 주었다. 그래서 몸과 마음의 조화로움이 운동미에 그대로 표출될 수 있었던 것이다.

　초기의 조각상에서 나타난 힘의 요소가 점차 사라지고 연결이 부드러워지면서 기원전 5세기 초에는 완벽한 운동미를 표현한 인체상이 출현하였다. 그리스의 예술가들은 운동선수와 함께 이상을 향한 작업을 하였으며, 기원전 5세기 중반 이후에는 폴리클레이토스와 페이디아스의 영향을 받으면서 가장 아름다운 신체미의 전형을 발견하게 된다.

그리스의 운동 정신

그리스의 운동 정신은 호메로스 영웅들의 경쟁의식과 아레테 추구에서 시작되었다. 그리스의 운동 경기는 경쟁과 경쟁적 활동을 충동하는 인간 본연의 자발적인 표현이었다. 또 항상 최선을 다하고 남을 능가하는 것은 호메로스 정신이며 그리스 문화의 이상이었다. 호메로스의 영웅들은 다재다능한 만능인으로서, 모든 종류의 아레테를 추구하였다. 그들은 육체적, 정신적으로 완벽한 인간을 지향하고 있었으며 여러 운동 경기 종목에서도 뛰어난 기량을 과시하였다.

핀다로스의 시에는, 노력 없이는 어떤 승리도 없다는 운동 정신이 드러난다. 운동선수는 재능을 타고나야 하며, 우수성은 '신의 도움'과 '희생과 노고'에 의해서만 얻을 수 있다. 길더슬리브(Gildersleeve)에 의하면 희생과 노고는 강제적인 것이 아니라 명성에 대하여 책임을 지는 것이고, 따라서 운동선수에게 도덕적 품위를 부여했다고 한다. 명성에 대한 욕망조차도 전적으로 이기적인 것이 아니다. 한 사람의 우승은 그의 출신 도시, 가족은 물론 죽은 조상까지 즐겁고 명예롭게 하기 때문이다.

핀다로스는 우승자를 아레테의 구현이라고 찬양하였으며,

그리스인들이 경기의 우승자에게 높은 가치를 부여했다는 것을 다음과 같이 표현하였다.

　　한 개인이 우승했다는 것은 특수한 재능이 뛰어났다고 보는 것이 아니라 경기라는 특별한 수단을 통하여 한 인간이라는 개인의 가치를 입증한 것이라고 생각하였다. 한 인간이 이상적인 목적을 위하여 자신이 가진 모든 것을 투자했다면, 즉 모든 시간과 비용을 투자하고 패배와 치욕의 위험을 무릅쓰고, 오랜 시간 동안 온갖 고난과 고통을 겪으면서 혹독한 훈련을 견디어내고, 자신이 가진 최후의 체력까지도 남김없이 경기에 바쳐서 모든 선수들 중에서 우승자로 선택될 수 있는 신의 은혜를 입었다면, 이 선수야말로 자신의 아레테를 입증한 것이다.[57]

　핀다로스의 후원자들에게 가장 인기 있는 종목은 복싱, 레슬링 그리고 판크라티온이었다. 그런데 이러한 스포츠는 고될 뿐만 아니라 팔다리가 다칠 위험과 심지어 죽음의 위험도 있었다. 그러나 사실 이러한 위험이 스포츠의 묘미를 더해주었다. 시인의 말에 의하면 위험이 없는 공적은 명예롭지 못했다. 그러므로 운동선수에게 가장 필요한 자질은 용기와 인내력이었다. 이상적인 운동선수는 헤라클레스와 같이 불굴의 정신을 가진 인간을 말했다.
　플라톤은 신체와 정신의 조화로운 발전이 가지는 중요성을

운동미의 전형.

논의하면서, 체육을 통해서 신체를 단련하고 음악으로 정신을 다스려서 조화로운 시민을 양성해야 한다고 주장하였다. 음악의 영향은 특히 디아도우메노스(폴리클레이토스의 조각 작품 : 승리의 띠를 머리에 두른 사람)의 움직임처럼 율동적인 균형을 연상케 해준다. 그러므로 조화로움은 단순한 아름다움보다 더 깊은 결과를 가져온다. 그들은 조화로움 속에서 정신을 표현했다. 머리는 몸과 완벽하게 조화를 이루며, 표정은 평온하고 기품이 있었다. 게다가 그들은 겸손해서 오만이나 자만의 흔적이 없었다. 그리스인들은 위엄과 겸손함이 결합된 핀다로스의 운동 정신을 아이도스(Aidos)라고 부른다.58) 그러므로 기원전 5세기 예술에 묘사된 운동선수상은 아름답게 발달된 우아한 청년으로, 지나친 과장 없이 완벽하게 몸과 마음의 조화를 이루고 있다.

　그리스의 철학자들은 신체를 가장 잘 발달시킬 수 있도록 하기 위해서 강론을 펼치기도 했다. 소크라테스는 잘 발달되지 못한 청년을 만나면 아마추어적인 신체 상태에 대하여 비난했다. 그는 신체 훈련에 관해서 아마추어인 시민은 어떤 권리도 요구할 수 없다고 지적하였다.

　그리스인들은 스스로 좋은 신체 상태를 유지하는 것이 시민의 의무이며, 자신을 지킬 수 있는 방법이라고 믿었다. 그러므로 전쟁이나 위험에 처했을 때 자기를 보호하기 위해서도 신체 훈련이 필요했다. 그리스인들은 신체의 미와 힘을 잘 발달시키지 못하는 것을 불명예로 여겼다. 다시 말해 자신의 아름다움과 힘을 최대한 발달시키는 것이 시민의 의무이며, 이것이 그리스의 정신이다.

　요약하자면, 그리스의 운동 정신은 호메로스 영웅들이 추구한 아레테 정신이 바탕이 되었고, 핀다로스가 말하는 위업과 겸손함이 결합된 아이도스가 내재되어 있었다. 여기에 플라톤이 교육에서 강조한 신체와 정신의 조화로움도 모두 포함되어 있었다. 그러므로 고대 올림피아 제전경기에서는 종교적인 신성함, 철학자들의 영향, 문학의 우승자 예찬, 예술에 나타난 인체의 완벽함, 음악적인 리듬과 조화 등이 함께 어우러졌다. 올림피아 제전경기는 한마디로 탁월성을 갖춘 전인(全人)을 추구하였기 때문에 역사에서 가장 숭고한 이상으로 남아 있는 것이다.

주

1) Pindar Ol 10. 23-31; J. Balcer, "The Mycenaean Dam at Tiryns"(*American Journal of History*, AJA, 78, 1974), p.149.

2) *Strabo*, 8. 3. 30.

3) 신은섭·박현상 편, 『올림픽 경기의 역사』(아동문예사, 1983), p.45.

4) *Ibid.*, p.46.

5) *Strabo*, 8. 3, 33; Rachel Sargent Robinson, *Sources for the History of Greek Athletics*(Ares, 1995), p.39.

6) *Pausanias*, Ⅳ. 4. 5; Philostratus, *On Gymnastics*, 12.

7) *Pausanias*, Ⅴ. 21.

8) *Aelianus*, ⅩⅣ. 18.

9) Arete : 도덕적 자질뿐만 아니라 신체미, 체력, 용기를 겸비한 탁월한 인간.

10) Pindar, *Olympia*, Ⅹ 75-78.

11) William H. Race, *Pindar I : Olympian Odes*(London : Harvard University Press, 1997), p.145.

12) Isocrates, *Team of Horses*, 32; Rachel Sargent Robinson, *op. cit.*, p.120.

13) *Diodorus*, Ⅷ. 82.

14) Vitruvius, *De architectura IX*; 신은섭·박현상 편, 앞의 책, p.242.

15) Nicolaos Yalouris, *The Olympic game in ancient Greece*(Athens : Ekdotike Hellados, 1982), S. A. p.136.

16) Plutarch, Lycurgus 22, 4; 플루타르크, 『플루타르크 영웅전 상』(이성규 옮김, 현대 지성사, 2000), p.110.

17) 에우알키다스는 기원전 6세기 말 올림피아의 소년 권투에서 두 번 이겼으며 에페소스의 싸움(BC 499)에서 전사하였다.

18) *Pausanias*, Ⅶ. 27. 5-7.

19) Aristoteles, *Rhetnoic*, I. 2. 13.

20) Herodote, Ⅷ, 26; 코린 쿨레, 『고대 그리스의 의사소통』(이선화 옮김, 영림카디널, 1996), p.212.

21) Thomas H. Carpenter, *Art and Myth in Ancient Greece*(New York

: Thames and Hudson, 1994), p.46.

22) *Pausanias*, Ⅷ. 40. 1–5; Stephen. G. Miller, *Arete : Greek Sport from Ancient Sources*(Chicago : University of California Press, 1991), p.36.

23) *Simonide*, fr. 149, 156, 163 etc. Berk; *Pausanias*, Ⅵ, 17, 6; Rachel Sargent Robinson, *op. cit.*, p.94.

24) Nicolaos Yalouris(1982). *Ibid.*, p.141. fig.61.

25) Pindar, *Olympia*. Ⅸ. 1–5.

26) *Dio Dhrysostom*, Ⅱ. 33; 신은섭·박현상 편, 앞의 책, p.255.

27) 김진경, 『지중해 문명산책』(지식산업사, 1994), p.102.

28) *Pausanias*, VIII 48. 2; 신은섭·박현상 편, 앞의 책, p.236.

29) *Gellius*, III. 6

30) 고대 사회에서 국부를 감추기 위하여 허리옷(腰衣)이 착용되었는데 그리스인은 이 옷을 페리조마(Perizoma), 또는 디아조마(diazoma), 조마(zoma)라고 불렀다.

31) E. Norman Gardiner, *Athletics of the Ancient World*(Chicago : Ares, 1930), fig.3.

32) 『일리아스』 23 : 685; 호메로스, 『일리아스』(천병희 옮김, 단국대학교출판부, 1996), p.520.

33) 『일리아스』 23 : 710.

34) *Odyssee*, 18, 66; *Ilias* 23, 683, 710.

35) 한스 페터 뒤르, 『나체와 수치의 역사』(차경아 옮김, 까치글방, 1998), p.13. 크레타 섬의 미노아인의 경우도 마찬가지였던 것 같다. 그들은 국부를 가리는 일종의 반바지를 입었다.

36) *Ilias*, Ⅱ, 99; 22, 510.

37) *Ilias*, 22, 75. 이보다 더 가공스러운 가학행위는 산 사람의 성기를 노출시켜 개에게 날것으로 뜯어먹게 하는(*Odyssee*, 18, 87; 22, 467) 것이었다.

38) B. Schroder, *Der Sport im Aatertum*(Berlin, 1927), Ⅲ. p.2.

39) Dionysius of Halicarnassus, *Antiquities, Roman*. Vii. 72–73; Waldo E. Sweet, *Sports and Recreation in ancient Greece*(Oxford University Press, 1987), p.127.

40) 파우사니아스에 의하면 가장 짧은 단거리 경주(Ⅵ 13, 5)인데, 1스타디온(올림피아의 1스타디온 : 약 192. 27m)을 달리

는 경주이다.

41) *Pausanias*, I 44.1.

42) Isidore of Seville, *Etymologiae*, 18. 17. 2; J. G. Frazer, *Pausania's Description of Greece*(London, 1913), pp.573-588.

43) John Bordman, *Black Figure Vase*(New York : Thames and Hudson, 1974), pp.112, 211, 219; E. Norman Gardiner, *op. cit.*, p.191.

44) T. B. L. Webster, *Poter and Patron in Classical Athens*(London, 1972), pp.197, 270-272, 292.

45) E. Norman Gardiner,. *op. cit*., fig.155; H. A. Harris, *Sports in Greece and Rome*(New York : Cornell University Press, 1972), figs.6-7.

46) 『투키디데스』, 1 : 6. 5; 투키디데스, 『펠로폰네소스 전쟁사 상』(박광순 옮김, 범우사, 1999), p.22; Rachel Sargent Robinson, *op. cit.,* p.248; Stephen G. Miller, *Arete : Greek Sport from Ancient Sources*(University of California Press, 1991),p.18.

47) 『투키디데스』, 1. 10.

48) 기원전 5세기에 그리스와 페르시아의 사이에 있었던 전쟁. 기원전 5세기 초의 이오니아 반란을 발단으로, 기원전 490년의 제1차 페르시아 전쟁, 10년 후인 기원전 480~기원전 479년 제2차 페르시아 전쟁을 거쳐, 아테네·페르시아 간의 교전상태는 기원전 449년의 카리아스의 화약(和約)까지 이어지는데 (스파르타·페르시아 간의 강화조약은 같은 세기 말까지), 제2차 페르시아 전쟁 종료 후 아테네가 주도한 페르시아 전쟁은 그 이전의 것과는 역사적 성격이 두드러지게 다르다.

49) Harris, H. A., *Greek Athletes and Athletics*(London : Indiana University Press, 1964), p.65; B. Barletta, *The Draped Kouros Type and the Workshop of the Syracusan Youth*(AJA, 91, 1987), pp.233-246.

50) 또는 폴리클레이토스(Polycleitos). 시키온 출생의 고대 그리스 조각가. 기원전 5세기 후반에 활동한 청동 조각의 명수였고 인체의 비례에 관한 저서 『카논』을 발표하였다. 인체의 비례 이론을 조각에 구체화한 것은 '창을 든 사람'이다. 기원전 480년 무렵 '경기자 상'으로 유명하며, 올림픽 경기의 우승자 조각상을 많이 제작하였다.

51) S. G. Miller, *The Date of Olympic Festival*(MDAI(A), 1975a), 90.

pp.215⁻231

52) A. A. Mosshammer, *The Date of the First Pythiad-Again*(GRBS, 1982), 23. p.4.

53) A. W. Gomme., A. Andrewes and K. J. Dover, *A History Commentary on Thucydides.* 5 : 8. (Oxford, 1981), pp.23⁻24.

54) P. Perlman, *Plato Laws 833c-834d and the Bears of Brauron*(GRBS. 24., 1989), pp.115⁻130.

55) *Pausanias,* Ⅴ. 24. 8. 25. 5.

56) *Herodotus,* Ⅷ. 26.

57) David Sansone, *Greek Athletics and the Genesis of Sport*(Berkeley : University of California Press, 1988).

58) E. Norman Gardiner, *Athletics of the Ancient World*(Chicago : Ares, 1930).

고대 올림픽의 세계

초판인쇄 2004년 7월 25일 | 2쇄발행 2009년 4월 10일
지은이 김복희
펴낸이 심만수 | 펴낸곳 (주)살림출판사
출판등록 1989년 11월 1일 제9-210호

주소 413-756 경기도 파주시 교하읍 문발리 파주출판도시 522-2
전화번호 영업·(031)955-1350   기획편집·(031)955-1357
팩스 (031)955-1355
이메일 book@sallimbooks.com
홈페이지 http://www.sallimbooks.com

ISBN 89-522-0268-6 04080
     89-522-0096-9 04080 (세트)

값 3,300원